JN202885

すべての企業はサービス業になる

今起きている変化に適応しブランドをアップデートする10の視点

宣伝会議

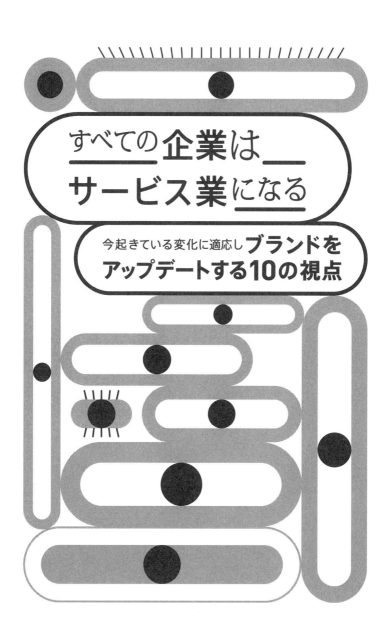

はじめに

自分の価値観が通用しない

事業やマーケティングの戦略を考える時、中長期的なビジョンを描くには、これから先の未来に何が起きるのかを予測しなければなりません。巷に並ぶAIをはじめとした超未来的な話では事業との結びつきがピンと来ませんが、テクノロジーの進化は人々を取り巻く環境や産業構造を大きく変えつつあり、未来を把握することが難しい時代になったと感じます。

例えば団塊ジュニア世代以上の若い頃の価値観は、ミレニアル世代をはじめとする若者には通じなくなっています。店舗で売ろうとするとネットで買われ、ネットで売ろうとすると店舗で買われます。おもてなしは武器のはずが、スマートフォンを通じた簡易なオペレーションの方が満足度は高く、モノは買うものからシェアするものへと意識が変化しています。従来の常識や型が通用しないのです。だからと言って従来の常識をアップデートしようとやみくもに情報収集を行っても、目先の話から超未来的な話まで様々なレイヤーの話が溢れ、どの未来を基準に戦略を立てたらいいか分からない。こんな悩みをお持ちの方はきっと多いと思います。

僕自身、企業のブランド戦略を支援する中で、従来の考えや方法をアップデートする必要に迫られてきました。つい数年前まで店舗だけで完結する仕事が多かったのに、現在はデジタルから新たなサービスの開発まで仕事が広がっています。従来の領域を超えないと解決できないことが増えているのです。

これから先のことを考える時、考えるべき対象の未来のみを考えていても、誰もが共感できる未来は描けません。領域を繋ぎ、様々な変化を俯瞰的に捉え、「要は何が起きているのか」という変化の全体像を捉えた上で各領域に視点を落としていく必要があります。その「要は何が起きているのか」を本書では捉えていきます。すでに起きている変化に共通するコンテクスト（文脈）を見つけることで、変化の全体像を捉え、その流れの方向を発見し、これからの企業戦略、ブランド戦略、マーケティング戦略を考える上で持つべき「視点」をまとめていきます。

中国で抱いた危機感

２０１５年から僕は、日本の某大手自動車メーカー中国法人のディーラー改革、ブランド戦略を一任されていました。ミーティングのために中国を訪れ、クライアント幹部と毎月会食を行い、自動車業界の変化に限らず様々な会話をしてきました。日本の自動車メーカーは今、カーシェアリングという新しい消費形態の普及や自動運転時代の到来等、非常に大きな変化と危機に直面しています。特に中国でビジネスをしていると、自動化に対する顧客（中国人）の生活対応能力の高さ、自動車技術開発力の急激な向上、次世代サービスに対する国を挙げての投資等を目の当たりにします。正しい方向へ戦略の舵を取るために大きな流れの方向を捉えなければと、日本に住んでいると感じない危機感を抱くようになりました。

自動車ディーラーのこれからのビジネルモデルを考える上では、自動車産業がこれから長期的にどう変わっていくのかという大きな視点での予測が必要です。そのため、自動車業界を取り巻く様々な環境変化を調べ、グローバルメーカー各社が発表している中長期的なビジョンやアクションを年表にまとめていきました。長期的変化とその流れを俯瞰して一覧できるようにしたのです。来たる自動運転社会に向けてドイツ勢を中心としたグローバルメーカーは中国をはじめ国を超えたアライアンスを組み、具体的な実証実験を行っている一方で、日本のメーカーは実行という点では当時遅れを取っていました。

自動運転技術は製品の技術単体で実現できるわけではありません。自動車はネットに繋がり業種を超えた様々なデータと連携しています。自動運転車両の利用者はスマートフォンを通じてサービスを利用します。それらの利用者はきっと車を所有することにこだわらず、カーシェアリングを積極的に利用する価値観を持っていることでしょう。今自動車業界に起きている変化とは、IoTやAI、ビッグデータを中心としたサービスの自動化も、それに伴う業界業種の融解や連携も、サービスを利用する消費者の価値観の変化や購買行動の変化も全て密接に関係しているのです。

僕は中国プロジェクトに携わるようになってから、日本での他のクライアントのコンサルティグ業務においても今起きている大きな変化を意識するようになりました。すると、業界業種によってその認識や理解が異なるのはもちろん、クライアントチーム内でも個人毎に意識に違いがあることが分かってきました。認識が異なると、新しいサービスを開発していくプロセスにおいて各自の判断基準にズレが生じます。このズレを無くすためには、共通認識をつくる必要があります。それがこの本を書くに至った動機です。

きっかけとなったクライアントとの中国での会話から2年経ち、その頃話題に挙がっていた世界各国の企業の計画が徐々に実現し始めています。一方で今起きている変化に対応できていない日本企業の業績にも変化が出始めています。全ての日本企業にとって変化が他人事ではなくなっている今、その変化を再確認し、向かうべき方向の共通認識を持ち、変化に対応するためのスピードを速め、ディレクションの精度を上げていくべきだと感じます。

変化を俯瞰する

「これから＝未来」の捉え方は、人によって異なります。未来を2年後だと思う人、10年後だと思う人、20年後だと思う人、様々です。未来と今を継ぐ必要がなければ、SFの世界で未来を語ればいいのかもしれません。しかし本書では、いずれ実装される可能性のある未来を前提に、その未来に向かうベクトルと同じ方向に事業やブランドの方向を揃えていくためのコンテクストを見つけていきます。

1章は、トヨタ自動車が2018年米国のテクノロジー展示会（CES）で発表した、自動運転車両により実現する自動化社会像をとりあげます。これを実現可能性のある未来社会のベンチマークにしていきたいと思います。2章・3章では、今起きている個々の変化を観察し、そこに共通する文脈や関係性を見つけていきます。観察の対象は、以下4つの変化としました。

①顧客意識の変化。②消費行動の変化。③産業構造の変化。④購買行動の変化。

緩やかに確実おきている変化①、②、③を2章に、今目の前で急速におきている変化④を3章にまとめています。これら個別の変化を観察し、共通するコンテクストを抽出することで、変化の実体と全体像が見えてくるはずです。

これから持つべき10の視点

4章では、企業の戦略に携わる方がこれから持つべきと感じる視点を10個にまとめました。今必要なのは新しい戦略立案のフォーマットではなく、変化を捉え、舵を取るための「視点」であると僕は考えます。そしてこれら10の視点は、本書で詳しく説明していく「全ての企業は、サービスを利用し続けてもらうためのサービス業となる」「ブランドは、自分を高く売るために都合良くイメージをつくる時代は終わり、人として振る舞う時代になる」という大きな流れの中に存在します。10の視点は、戦略を管理するためのチェック項目ではなく、社会の変化を俯瞰し、判断の基準を持つことで戦略を正しい方向へと進めていくためのコンパスのような存在でありたいと考えています。

本書を読んで下さった方の頭の中に既にある膨大な情報が整理され、これから企業戦略を考案していく上で判断基準が明快になるお力添えをすることができれば幸いです。

クリエイティブ・ディレクター　室井淳司

目次

1章

ブランドに押し寄せる変革

メーカーからサービスブランドへ　トヨタ e-Palette

「私はトヨタを、クルマ会社を超え、人々の様々な移動を助ける会社、モビリティ・カンパニーへと変革することを決意しました。私たちができること、その可能性は無限だと考えています」。2018年1月、米国のネバダ州ラスベガスで毎年開催されるCES（Consumer Electronics Show）において、トヨタ自動車株式会社の豊田章男社長が同社の新しいビジョンを発表しました。それは、トヨタ自動車は、自動車メーカーから、モビリティ・サービスを提供する会社へ変わっていくというものです。この発表内容は、自動車業界だけではなく、幅広くエレクトロニクスメーカーに対しても驚きを与えました。**なぜなら、「モノを作って売る」という製造業から、「サービスを利用してもらう」というサービス業へのシフト、または拡張を意味しているからです。**多くの自動車メーカーは、将来的に自動化される可能性のあるモビリティ・サービスにおいて、自社の高度な自動運転車両を提供するために、自動運転技術の確立を目指している最中です。もちろん今のトヨタ自動車にとっても自動運転技術を磨くことは重要な課題ですが、今回の発表では、自動運転車両をつくることの先にある自動化社会の形態がどうなっているか、という理想と、その中でトヨタが果たす役割が描かれています。CES2018では多くの競合自動車メーカーが自動運転車両のプロトタイプを発表したのに対して、トヨタ自動車は事業ビジョンと未来のサービス像を発表しました。これは、競合他社からすると出し抜かれた印象となったことでしょう。なぜならトヨタ自動車はここまで、自動運転技術に積極的に取り組むというより、「FUN TO DRIVE」、つまりドライバーが自ら運転する喜びをつくり続ける自動車メーカーでありたいと言い続けてきたからです。

ではトヨタはどのようなモビリティ・サービスの未来を描いているのでしょうか？　そもそもモビリティ・サービスの概念は、ＭａＳ（Mobility-as-a-Service）と呼ばれ、「移動のサービス化」を意味し、この言葉自体は決して新しい概念ではありません。移動のサービス化に対する実験的な取り組みは世界中で行われており、特にヘルシンキではいち早くＭａＳが実装されています。２０１６年からヘルシンキの市民は、民間の交通手段（鉄道、バス、タクシー、ライドシェア、レンタル自転車等）を使ったシームレスな移動の提案を受けることから料金の決済まで可能な「Whim」（ウィム）というアプリを利用し、手軽で便利な移動サービスを享受しています。このサービスで重要なことは、すべてがスマートフォン上で完結することです。あらゆる交通手段はアプリが提供するサービスプラットフォームと繋がり、利用者はアプリを通じてとても簡単にすべての交通手段をシームレスに繋がった移動サービスとして購入することができます。例えば利用者が今いる場所から空港まで移動したいと思った時に、複数の移動手段を繋ぎ合わせた最適なプランがアプリ上で提案されます。そのプランを購入すると、スマートフォン

移動、物流、物販等、様々な目的で活用されるモビリティ・サービス専用次世代電気自動車「e-Palette」のコンセプトイメージ。

上でルートマップが起動し、今いる場所から利用する鉄道の駅やタクシーの乗車場所までナビゲーションをしてくれ、スマートフォン上に表示された2次元バーコードをチケットとしてサービスを利用することができます。日本でも移動手段毎に決済機能を含めたアプリはありますし、複数の移動手段を統合した最適な移動プランを提案してくれるアプリもあります。

しかし、公共交通機関だけではなくライドシェアやレンタル自転車も含めた様々な移動手段をプラットフォームで繋ぎ、シームレスな移動サービスとして提案、ナビゲーション、決済まで一括してスマートフォンのアプリ上で提供していることがヘルシンキで行われているサービスの特徴と言えます。一方でトヨタ自動車が見据えるモビリティ・サービスは、現在ヘルシンキで展開されているようなサービスを一般顧客の利用だけではなく、法人を対象とした事業利用にまで対象を広げています。また、移動する手段(車、バス、電車)を独自のモビリティ端末に統一し、自動車メーカーが見据えるMaaSの未来像として提示しています。

ここからは、トヨタ自動車が発表したモビリティ・サービスの内容を少し細かく見ていきたいと思います。この発表内容を分析することで、メーカーからサービス業へ変わるとはどういうことを指すのか、その全体像を把握し、自動車業界だけではない、今訪れている時代の変化を考える足がかりにしていきたいと思います。まずは本書26ページにある2次元バーコードから、実際に公開された映像をご覧ください(参考映像　※映像の公開が終了している場合はご了承ください。本書内に掲載された画像をご覧ください)。トヨタ自動車が考えるモビリティ・サービスにおいて、サービスの利用者が移動するために利用する移動端末(自動車)は、「e-Palette」と呼ばれる、長方形の箱型の電気自動車であり自動運転車両です。「e-Palette」は、モビリティ・サービス・プラットフォームに繋がるIoT端末であり、個人が所有するモノではなく、不特定多数の人が利用します。利用者が「一人」で利用する時、「e-Palette」は無人のタクシーとして機能します。「不特定多数」の人が利用し、互いに行きたい場所が異なる場合はライドシェアサービスとして機能します。同様に「不特定多数」の人が利用し、「e-Palette」は決められた順

広大な室内空間を確保するために、低床・箱型にデザインされた「e-Palette」は3サイズが想定されおり、乗車人数や積載量、使用目的等によって使い分けられる。

路を巡り、決められた場所で利用者の乗り降りが行われる場合、その機能はバスと言えるかもしれません。また、「不特定多数」の人が利用する「e-Palette」が複数台連なり、決まったコースを動き、決まった場所で利用者の乗り降りをする場合は、電車に近い機能と言えます。「e-Palette」には、人やモノを効率的に運搬するために、それぞれに適した3サイズが想定されており、すべての車体は基本的には同じデザインで計画されています。トヨタ自動車が発表した「e-Palette」の特徴は以下になります。

低床・箱型デザインによる広大な室内空間

荷室ユニット数に応じて全長が異なる計3サイズの車両を用意、低床・箱型のバリアフリーデザインによるフラットかつ広大な空間に、ライドシェ

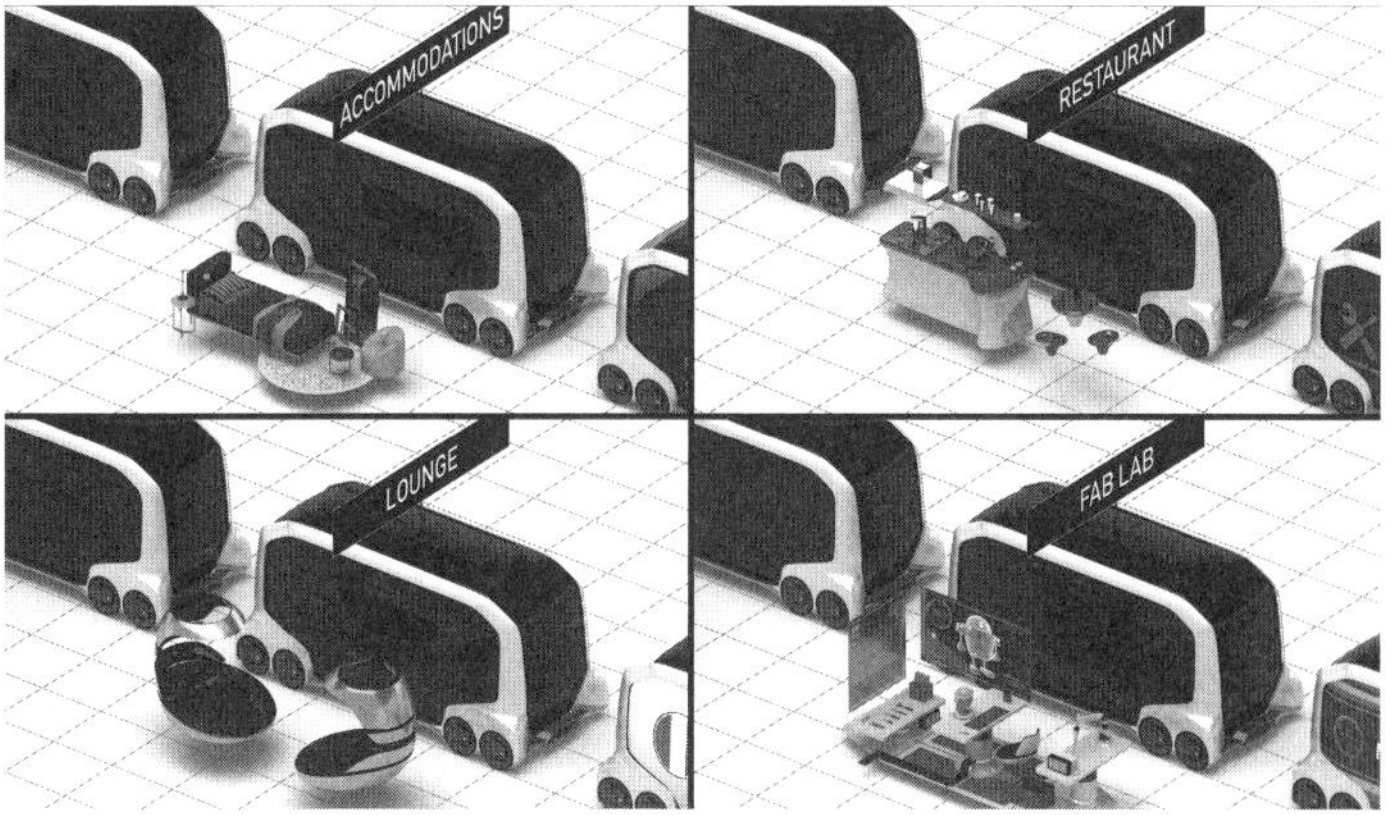

「e-Palette」の役割は必ずしも移動に限らない。サービスパートナーの用途に応じた設備を搭載できるため、宿泊施設やレストランにもなり得る。

アリング仕様、ホテル仕様、リテールショップ仕様といったサービスパートナーの用途に応じた設備を搭載することができます。

この「e-Palette」は、人を運ぶ以外にも様々な機能として使うことができます。ここで、発表内容に含まれていた様々な用途を次の三つに分類しました。

一つめは、移動を多様化すること。

二つめは、店舗と物流を融合すること。

三つめは、街や都市の定義を拡張すること。

それぞれについて考えていきたいと思います。

移動・物流・都市の概念が拡張する

まず一つめ、移動の多様化についてです。様々な単位で人を運ぶ自動運転車両は、未来の社会や都市のモデルケースを考える上で、基盤のインフラと言えます。先にも触れた通り、スマートフォン上のアプリからサービスにアクセスし、自分の行きたい場所を入力すれば、「e-Palette」が迎えに来てくれ、目的地まで送ってくれます。「e-Palette」はマルチファンクショナリティという機能を備え、24時間オンデマンドでその機能を切り替えるとしています。例えば、午前はカーシェアリングサービスで一般ユーザーが利用した後、午後は病院への連絡バスとして機能したり、配送トラックとして機能したりします。「e-Palette」は、移動サービスを提供する車両としての機能に加え、車両室内空間を活かしたサービスにも触れています。例えば車両室内空間がオフィスになったり、パーソナルラウンジになったり、個室ホテルになったりと、様々な利用形態のイメージを挙げています。こういった車両の利用方法自体は、過去にも様々な自動車メーカーがコンセプトカーとして発表しており、決して目新しいものではありません。しかし「e-Palette」がそれらと異なるのは、あくまでもサービスプラットフォームを利用して提供されているオンデマンドサービスということであり、ラウンジタイプの車両をつくることが目的ではないということです。**「e-Palette」を通じてトヨタ自動車が訴えたいビジョンは、様々な使い勝手ができるコンセプトカーの提示ではなく、様々なサービスをリアルタイム、オンデマンドで提供するプラットフォームであり、そのプラットフォームにどういったサービスが接続されているのかという視点にあります。**

「e-Palette」は、移動型の店舗、あるいはショールームとして街を回遊する。利用者は、スマートフォンで都合の良い時間、都合の良い場所を設定し、そこでリアルな購買体験が可能になる。

続いて二つめの、店舗と物流の融合について考えていきたいと思います。現在、店舗を軸に事業を展開している企業は、直営、販売代理店制、フランチャイズ制にかかわらず、オムニチャネル化に対する課題を抱えています(※オムニチャネル化の詳細は3章で触れます)。ｅコマースが買い物の主軸になる中、どうやって店舗の価値を再定義するのか、onlineとofflineを繋いだ購買体験をどうデザインするのかという課題を、様々な既存企業が抱えています。既存店舗で培った接客能力がＥＣ企業に対して強みになる一方で、広がり過ぎている店舗ネットワークという固定費を抱え、新しい流通システムへの対応は喫緊の課題となっています。トヨタ自動車が「e-Palette」で発表した店舗と物流の形態は、あくまでも未来の社会において

店舗としての「e-Palette」には、利用者があらかじめ選んだ商品が並べられており、気になる商品だけをリアルに体験できる。気に入った商品があれば、それを持ち出すだけで決済が完了する仕組みだ。

ですが、流通の形態における一つの究極の形であると感じます。トヨタ自動車は「e-Palette」を使って目指す流通の形態を、「On Demand Retail Experience」としています。この中で「e-Palette」は、移動型の店舗、またはショールームとして街を回遊します。利用者の都合の良い時間に、利用者の都合の良い場所にやってくる「モバイルe-マーケットプレイス」です。例えば利用者がスニーカーを購入するとします。利用者はまずeコマースにアクセスし、自分が気になっているスニーカーを幾つか選択し、試着を希望します。すると、ウェブ上で選択された幾つかのスニーカーを載せて、「e-Palette」が利用者のもとへとやってきます。「e-Palette」の車両室内は小さな店舗になっており、利用者が選択したスニーカーがまるでリアル店舗のように綺麗に陳列されています。利用者は「e-Palette」

に乗り込み、スニーカーの試着を行い、気に入った商品があればそのまま車両から出て行くだけで決済も含めて完了します。このサービスで、eコマースの購買体験では実現できなかったリアルな商品の確認と試着というサービスが、eコマースの一連の購買体験フローの中で完結しました。もしも車両内のスクリーンでスタッフと利用者をライブで繋ぎ接客を行えば、高い接客品質を強みにする既存企業からしても価値のあるサービスになるかもしれません。「e-Palette」を利用したこれらのサービスは現時点では極論ですが、**いずれこのようなサービスが実装される可能性を見据えながら、企業は今後様々なサービスを考えなくてはなりません。新しいサービスを実装するタイミングは早過ぎても顧客がついてきてくれませんし、遅いとシェア争いに乗り遅れてしまいます。**

流通領域で「e-Palette」はもう一つ新しいコンセプトを提案しています。それが、「Mobile Personal Shops」です。これは、移動型フリーマーケットと定義されています。複数の「e-Palette」が出品者の商品を積んで集まり、フリーマーケットを開くというコンセプトです。この時出品者は、自分が出品する商品を、商品を回収しにやってくる「e-Palette」に積むだけで完了します。様々な出品物を積んだ複数の「e-Palette」が一箇所に集まることでマーケットを形成し、そこに買い物をしたい人々が集まってきます。集まった人々は自分が欲しい商品を見つけたら顔認証でonline決済をしてそのまま商品を持

「e-Palette」は移動型フリーマーケットとしても機能する。出品者は自分の元に「e-Palette」を呼び出して商品を積み込む。すると、様々な商品を積んだ「e-Palette」は一箇所に集まり、そこに買い物をしたい人が集うという仕組みだ。

ち帰ります。これは、商品を積んだ「e-Palette」が買いたい人の場所に行く移動式店舗とは逆の発想で、「e-Palette」は売りたい人の所に行き、買いたい人は複数の「e-Palette」が集まるマーケットにやってくるという考え方です。売りたい人からするとonlineで完結する販売手法で、買いたい人からするとofflineで買い物をするリアルな購買体験となります。**offlineに位置付けられる店舗自体が移動するという考え方は、オムニチャネルがさらに進化した時代の一つのアイデアと言えそうです。**

続いて三つめ、街や都市の定義を拡張する、です。この概念は、「e-Palette」の個別モードや機能を切り替えて実現するのではなく、これまで紹介してきた様々な形態に変化できるという「e-Palette」の特性を使う

様々な形態の「e-Palette」が連なれば街や都市としても機能する。しかもそれはオンデマンドで、あらゆる場所に一時的に現れて消えていく。

ことで描ける、新しいコンテクスト（文脈）と言えます。ここでは、「On Demand City」として紹介されています。例えば街もインフラもない広い平野で音楽イベントが開催されます。そこに様々な形態を搭載した「e-Palette」が集まってきます。小さなレストラン、コーヒースタンド、ビアバー、たこ焼き屋さん、ピザ屋さん、お寿司屋さん、ラーメン屋さん、Tシャツ屋さん、金魚すくい、ゲームセンター、小型ラウンジ、カラオケ、ホテル、散髪屋さん等、これらが連なり人々で賑わうと、それは街となり、都市であると言えます。そういった都市が、オンデマンドでどこにでも現れては消えていくのです。様々な産業が集い、そこに人が集まり、消費活動を行い、寝泊りもできる。それらが土地に固定された建築物で行われているのではなく、移動できる箱で行われているということを除いては、機能としては都市として成立しています。現代でも、地場産業の繁栄と衰退とともに30年ほどで消えていく街はあります。「e-Palette」で描かれた街が、人の動きに合わせて3日で消えて、また別の場所に現れたとしても、時間の短さを理由に街ではないとは言えません。動く街や都市がインターネット上で可視化されることで、さらにそこを目指して人が集まるという、巨大な人のサーキュレーションを起こすことも可能です。ここで描かれた街は、既存の概念の中で定義された街や都市のように沢山の建築物が土地に固定され、人が暮らし、コミュニティを持っている状態という常識を融解し、拡張しています。

ここまで見てきた三つの変化「移動の多様化」、「店舗と物流の融合」、「街や都市の定義の拡張」を通して、トヨタ自動車が掲げたモビリティ・サービスの考え方が、単に自動運転車両によりMaaSを実現することではないということが分かりました。そしてもう一つ大切なことがあります。それは、トヨタ自動車はこの構想を、自社の力だけで実現しようとはしていないことです。トヨタ自動車といえば、かつては自前主義の会社でした。支配することで巨大になった企業が、この構想を参加型のオープンプラットフォームで実現しようとしていることに、新たな時代に対応する新たなビジョンに向けた決意を見ることができます。

「e-Palette」の動画

オープニング映像

基本機能説明映像

Amazon、Uber、ソフトバンクらとの協業で実現するトヨタの新構想

トヨタ自動車がこの構想の実現に向けて協業する企業は、２０１８年1月のＣＥＳでの発表時点では、Amazon.com, Inc.、Didi Chuxing（中国版Uber）、Pizza Hut, LLC、Uber Technologies Inc.、マツダ株式会社と発表しています。また、２０１８年10月4日には、ソフトバンクとの提携を発表し、モビリティ・サービスを提供する新会社「MONET TECHNOLOGIES INC.（モネ・テクノロジーズ）」を設立しました。

自動運転社会を実現するためには、三つの不可欠なデジタルテクノロジーがあります。一つめが「**ＩｏＴ**」です。自動運転車両はネットに接続され、車両に搭載されたセンサーが、道路状況や周辺の状況を吸い上げ、データセンターに情報を蓄積していきます。二つめが「**ビッグデータ**」です。ビッグデータには、各車両からデータセンターに集められたリアルタイムな車両状況データや、地図データ、交通データ、ドライバーの状況データ等の様々なデータが蓄積されます。これらのデータ量は多種多量なほど正確性が向上し、蓄積されたデータのパターンを解析することで、少し先の未来にも共通するパターンが予測できるようになります。三つめが「**ＡＩ**」です。自動車をどのように走らせるかをＡＩが司ります。プラットフォームビジネスには、多種多量のデータから構成されるビッグデータ、ビッグデータを利用して利用者にリアルタイムで適切なサービスの提供を判断するＡＩ、ビッグデータに多種多量

のデータを蓄積するためのセンサー（ＩｏＴ端末）の三つのテクノロジーが不可欠となります。トヨタ自動車は、この三つのデジタルテクノロジーを確保していくために、各分野のリーディングカンパニーと協業していくことを発表しています。トヨタ自動車はさらに、サービスプラットフォーム上の技術を公開し、第三者が自動運転開発に参加できる仕組みや、「e-Palette」をビジネス目的で利用する利用者が独自のサービスカスタマイズを行えるようにリソースを公開するとしています。**未来のビジネス開発において「参加・協業」は重要になっており、このサービスプラットフォームにも予めその思想が組み込まれていることも、発表内容が市場から評価された要因です。**

最後に、車の売り方に関して触れてみたいと思います。トヨタ自動車は自動車メーカーとして車を顧客に販売することで成長してきました。しかし、正確に言えばトヨタ自動車の販売先は一般顧客ではなくディーラーです。今後トヨタ自動車はこの「e-Palette」を製造してディーラーに販売し、顧客はディーラーから「e-Palette」を購入するという事業を継続していくのでしょうか。トヨタ自動車は今回の発表の中で、「e-Palette」は販売ではなくプラットフォームからの利用サービスで展開していくと言っています。プラットフォーム上では、保険や決済サービスも搭載するとあるので、顧客は事実上onlineサービスで「e-Palette」の利用を開始することができます。では、これまで発展を共にしてきたディーラーはどうなるかというと、高度かつ高頻度なメンテナンスを実施していくパートナーとして構想の構造体に入って

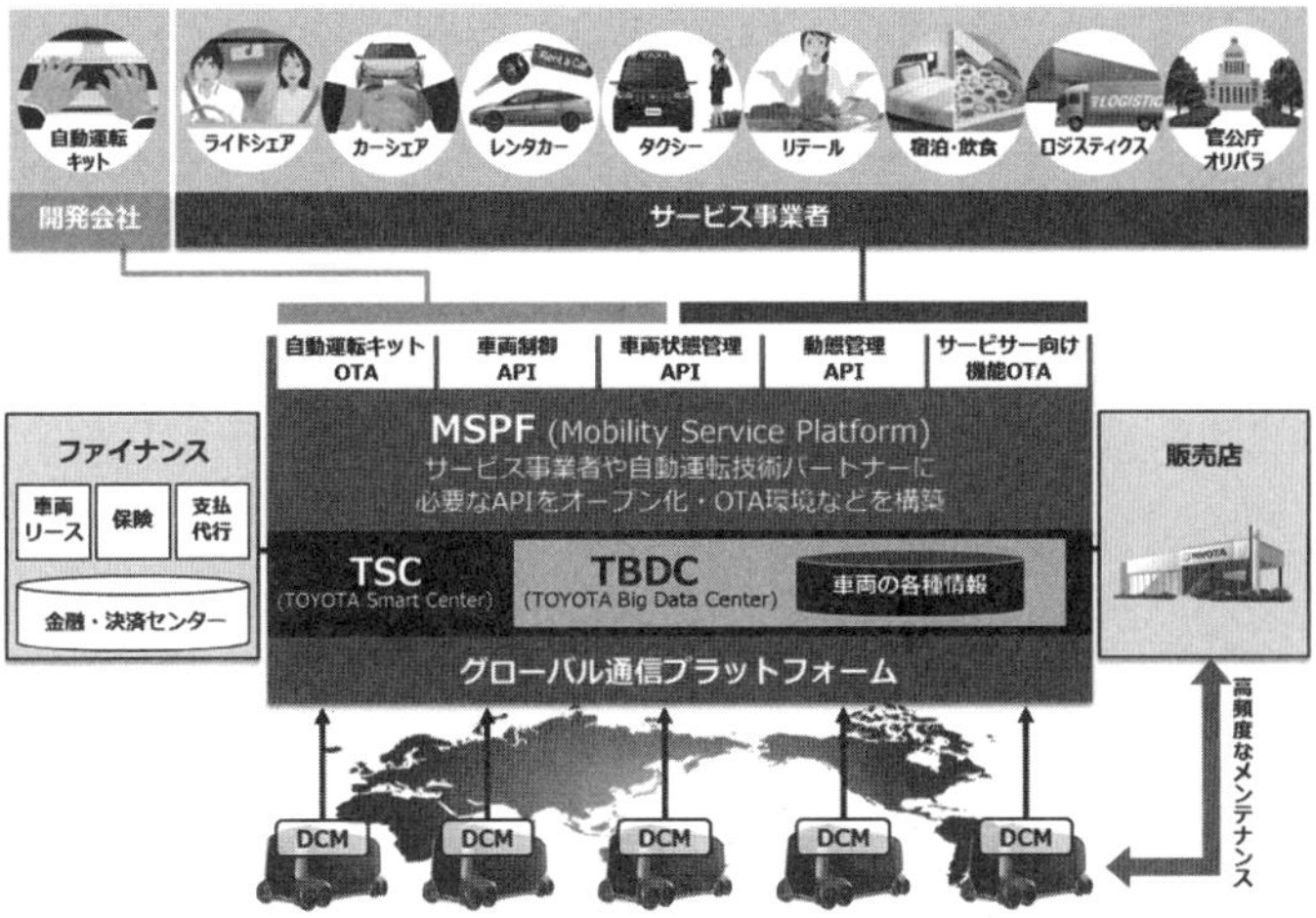

います。

本書の冒頭で、このトヨタ自動車の発表内容を取り上げたのは、現在進行しているデジタルによる産業構造の変革において、従来型の企業にとって対応が求められる様々な要素が、極論ではあるにせよこの発表の中に網羅されているからです。

例えば、新しい顧客であるミレニアル世代がリードするシェアリング・エコノミーへのシフトに対応するために、**メーカーはモノづくりからサービスへシフトしなければならない**ということ。例えば、AI、IoT、ビッグデータの時代の到来に向けて、**すべてのサービスはネットに繋がり、リアルタイムに顧客一人ひとりの嗜好に合わせたサービスを提供しなければならない**ということ。例えば、それらの実行に向けて、**協業、参加型の企業体を構成していかなくてはならない**ということ。例えば、オムニチャネル化が進行する中で、**顧客に対してシームレスな購買体験を提供していかなくてはならない**ということと等です。これらに対応することは、新しい時代に合ったサービス開発をしていく上で、必要な条件となります。

ここまでは、トヨタ自動車の次世代事業ビジョンを参考にしながら、既存企業が自社の事業自体をどのようなベクトルに調整していかなくてはならないのかを確認してきました。これから中長期的に企業の事業のあり方が変わっていくということを前提とした時に、マーケティングやブランド戦略も役割の変更が求められるかもしれません。

主導権は企業側からコミュニティ側へ

モノがセンサーとしてインターネットに繋がることで世の中のあらゆるデータを吸い上げ、それらのデータがビッグデータを形成し、ビッグデータを利用した顧客に最適化されたサービスをＡＩが提供するプラットフォームの実装が次々と始まっています。顧客はこれまで映画で見ていた世界の訪れを予感する一方、ビジネス界はその変化に対応しようと騒がしくなってきました。これらの変化はつい２～

3年前まで、シリコンバレーで行われている実験的な取り組みでしたが、今や既存の日本企業を脅かす新しいサービスが次々と生まれています。既存事業の既存資産や既存インフラを抱えながらいかに変化に対応していくか、明快な答えはありません。

モノやサービスの供給が旺盛な需要に追いついていない時代は、マーケティングは必要ありませんでした。供給が需要を超えてくると、企業は顧客に振り向いてもらうために、自社製品やサービスの特徴を売り込みます。そして、自分たちがどのような独自価値を持った存在かを定義するブランド戦略が導入されます。ブランドが持つ独自価値は、マス広告等を通じて広く顧客に伝達されていきました。そして企業は、1990年代のインターネットの台頭により、詳細で大量の情報を顧客に直接発信できる手段を手に入れます。この頃はまだ顧客に伝えるメッセージを企業側でコントロールできていました。しかし、2000年代には口コミサイトが登場し、企業側による自己都合の情報発信が通用しなくなります。口コミサイトの黎明期はまだ口コミ自体の信用度も低く、ステルスマーケティングという言葉が注目されたのもこの頃です。しかし、活動が活発になり、口コミの数が増えてくるとその信用度も上がってきます。今では、口コミ件数5件で点数が4.0点のラーメン屋さんよりも、口コミ件数が200件で点数が3.7点のラーメン屋さんの方が、沢山のファンがいることが分かり、より顧客が集まる店になります。これは、ブランドの信用をコントロールする主体が、企業側から顧客コミュニティ側に移ったことを意味します。もはやブランドは企業の都合でデザインすることはできません。また、これら口コミの評価には、企業側が意図しない箇所も評価のポイントになってきます。例えばｅコマースで電気製品を買ったとします。そこには星の数で評価が記載されています。評価の中身を読んでいくと、購入後の配達が遅かった、アフターサービスが悪かった等、商品自体の品質や性能とは異なる評価が入ることで、商品全体の評価を落としている場合もあります。こうなると、自社商品の評価を上げるためには、ブランドとして管理すべき項目を広げていかなければなりません。顧客が商品を購入する購買プロセスから日常的に利用するすべてのプロセスをブランドとして管理し、全体をマネジメントする必要が出てきます。２０００年代中盤からはＳＮＳの普及により、人々が世界中でダイレクトに繋がり始めます。Facebookが日本でサービスを開始したのが２００８年ですから、現在のグローバルなＳＮＳの普及はまだほんの十数年の歴史しかありません。しかしその間、顧客は顧客同士で直接繋がり始め、顧客同士の繋がりの中で物事の価値が共有されています。自己都合でマーケティングを成立させていたブランドの化粧は剥がされ、ブランドの印象は個人の中で形成されたイメージを超えて、世界と繋がる顧客同士のコミュニティの中で別の形として共有されていきます。そして今後、すべてのモノがネットに繋がり始めます。モノは所有するために買うものというより、利用するために課金するものへと変わっていき、企業が実施するのも、売るためのマーケティングから利用し続けてもらうためのマーケティングへと変わっていきます。センサーが取り付けられたモノは顧客のニーズや嗜好をリアルタイムで吸い上げていき、顧客が欲しい情報やサービスをAIが顧客毎にリアルタイムで提供します。果たしてそこに企業の主張が介在する余地があるのでしょうか。企業はまるで一人の人間が社会で生活するのと同様に、個人との繋がりや世の中のコミュニティを意識しながらサービスをアップデートし続ける必要があります。**つまり、企業らしさを自ら規定し、メディアを通じて顧客に伝えていくことを前提としたブランド戦略から、事業全体、サービス全体を通してブランドの信用を顧客側のコミュニティの中で育成していくことを前提としたブランド戦略へと変わりつつあります。**

拡張するブランド戦略

　企業や商品は、そもそも何のためにブランド戦略を推進しているのでしょうか。競合他社に対して差別化を図り、顧客が商品やサービスを指名買いしてくれるようになりたい。ブランドイメージを良くすることで顧客のマインドに情緒的な付加価値をつけ、少しでも高く買ってもらいたい。顧客にブランドの品質や考え方に共感してもらい、リピーターになってもらいたい。社会から評価される自社を、社員に誇りに思ってもらいたい。様々な取引先に、社会的善者として成長し続ける自社と長い取引をしてもらいたい等。ブランドがもたらす効果は、企業や商品に関わる人の立ち位置や立場によって変わります。

顧客に商品やサービスを売るためだけではなく、社員のプライドや愛社精神、取引先との良好な関係、社会からの期待値、株主やステークホルダーに対する貢献等、すべての人と自社との関係性をより良く保つためにブランドは存在しています。ブランドがこのように広く役割を期待されるようになったのは、経済的に成熟した社会において企業への期待が広く多様になっていったからです。経済が豊かになるにつれてモノやサービスを売ることが困難になり、その環境下で企業が自社の優位性を保ち、商品を顧客に販売するためのブランド戦略だけではなく、社会に対して価値のあるブランドとして成長し、顧客にブランドを応援してもらうようになるまで戦略を拡張する必要が出てきたのです。

世の中にモノやサービスが不足している時代であれば、モノやサービスを提供するだけでそれらは売れていきます。テレビがない時代にテレビをつくれば売れましたし、車がない時代は車をつくれば売れました。モノやサービスが不足している時代には、モノやサービスを提供すれば、わざわざブランド戦略を伴わなくともそれらは売れていきます。しかし、市場には競合が生まれてきます。例えば工業製品における商品カテゴリー自体が生まれたばかりの黎明期は、機能による差別化が行われます。A社のブラウン管は、B社のブラウン管よりも詳細に映るという技術による差別化のみで、A社はB社よりも多くの顧客を獲得することができます。同様に、C社の自動車は、D社の自動車よりも早く遠くに走るという技術による差別化のみで、C社はD社よりも多くの顧客を獲得することができます。これらは顧客に目を向けたマーケティング戦略というより、技術競争の側面が強く、現代のマーケティング戦略から見ると内向きの視点と言えます。この段階では、家電業界における「品質のA社」、自動車業界における「品質のC社」というブランドイメージは成立していますが、現代の複雑なブランド構造から見るとまだまだ随分と浅い構造です。

一方で、機能による差別化が進み、技術の向上こそ売れる商品をつくる手段と思われる中、低価格を武器にした企業が現れてきます。カテゴリーに必要とされる最低限の機能は維持しながらも、従来よりも安い価格で市場を開拓する新規参入者は、それまでカテゴリーをリードしてきた企業とは異なります。低価格領域は、今まで商品やサービスが高嶺の花だった一般顧客に対して広く商品やサービスが普及するきっかけとなります。一般顧客に商品が普及すると多種多量のマーケティングデータが得られるため、顧客が商品やサービスの何に幾ら払っても良いと考えているかが分かります。こうしてカテゴリーに平均的な価格が生まれ、売るために必要な機能が整理され、不必要な機能を備えた商品はマニア向けか高級品になり、カテゴリー内で商品やサービスが細分化され、成熟に向かっていきます。成熟したカテゴリーでは最低限の機能のみを備えて価格を極限まで抑えることを競争軸としている企業、バランスのとれた機能と価格で幅広く顧客のニーズに対応することでメジャー市場を対象としている企業、機能を高めてコアなファンを掴む企業やハイブランドと分かれていきます。こうしてカテゴリー内の市場が成熟してくると同時に、企業は機能と価格以外の競争軸を持たなければなりません。**企業は自分たちの強みを何と設定し、いかに顧客に選ばれるかという外向きの視点、つまり顧客視点が必要になってきます。**企業が自分たちらしさとは何なのかを定義する、ブランド戦略の始まりと言えます。

本書ではマーケティングやブランド戦略の変遷には触れませんが、現在でもブランド戦略を立案する際の基本となる考え方を、ブランドアイデンティティ戦略としたいと思います。ブランドアイデンティティ戦略とは、自分たちは何者なのか、自分たちらしさとは何なのかを定義し、発信し、顧客の頭の中に同様のイメージをつくることで商品やサービスに独自の価値を育てていくやり方です。自分たちらしさを定義するために、自分たちの商品やサービスのビジョン、機能的価値、情緒的価値、独自性、パーソナリティ等から「らしさ」を定義していきます。これらの手法は、顧客に対して自分たち「らしさ」を一方的に伝えるマスメディア主導の時代に確立されてきました。しかし、インターネットの発達によって情報発信の主導権がブランドやマスメディアから顧客コミュニティに移るにつれて、一方的に情報を発信し、顧客の頭の中にイメージを植え付けることを前提としたブランド戦略では顧客との関係をつくることが難しくなってきています。しかし、**ブランドと顧客との関係に双方向性が生まれた今でも、ブランド戦略はブランドらしさを規定することから始まります。ブランドは顧客に一方的に主張する時代**

から会話をする時代へと変わりましたが、人と人が会話をする前提でも、まず自分が何者なのかを正しく相手に伝えることから、人間関係を築くことは始まります。そこから信頼を伴う会話が始まり、長く付き合ってもらうために自分自身を見直し、改善していく必要も生まれます。会話をする前提に立った時に、自分らしさを良く見せようとして誇張していると、後々ゆりもどしが発生します。**故に、等身大の自分らしさの規定と正直で誠実であり続けることが今のブランド戦略に求められます。**同じブランドアイデンティティ戦略でも、マスメディア主導だった時代と、インターネットの時代とは異なるアプローチと言えます。

ブランド戦略の進化は外的要因がもたらす

メディアの力で伝えることを前提にしたブランド戦略が、インターネットの時代において顧客と会話することを前提にしたブランド戦略へと変化していくのはごく自然な流れです。この時代に自己主張だけを繰り返して顧客と会話しないブランドを顧客は受け入れません。もし現代にインターネットがなければ、ブランドは自分らしさを規定し、メディアを通して正しく発信していくことを前提としたブランド戦略で事足ります。しかしインターネットをはじめとしたテクノロジーの進化は、ブランド戦略が進化しなくてはならない要因となりました。ブランド戦略の進化は企業やブランドの内側から自然発生するものではなく、社会や経済、メディアやテクノロジーの変化、競合の出現等、ブランドにとっては外的な要因によってもたらされるということが分かります。となると、世の中に起きている劇的な変化、IoT、ビッグデータ、AIによる産業革命が現在進行形で起きている今、ブランド戦略はどのように変わっていくのかを予測し、仮説をつくる時期と言えます。それは、今起きている様々な変化を確認し、それらを俯瞰し、大きな流れの方向を予測することから始まります。

IoT、ビッグデータ、AIによって起きる産業革命が、大きな影響を与える既存産業の一つは、自動車を中心とした移動サービス産業です。自動車がない時代、人は馬に乗って移動しました。自動車が発明され、馬は自動車に置き換わります。自動車は人や荷物を馬よりも速く、遠くへと運んでくれます。速く、遠くへ移動する手段という市場において、自動車は馬よりも優れています。自動車はこの機能性のみで、移動サービス産業の中心を馬から奪うことができます。自動車は、馬に対する機能価値や情緒価値を設定し、自動車らしさを規定し、顧客にメディアを通して正しく伝えていくことで馬から顧客を奪った訳ではありません。ただ、馬よりも速く遠くへ走るという事実のみで、自動車は馬から顧客を奪います。産業に抜本的な変換が起きている時に、既存サービスが新サービスに抵抗し、顧客を引き止めることは難しい努力になります。冒頭でトヨタ自動車は自動車メーカーからモビリティ・カンパニーに変わるという話に触れました。移動サービス産業の中心が馬から自動車に変わったように、今度は自動車メーカーから、デジタル・プラットフォームを武器としたデジタル企業に主導権が移ろうとしています。デジタル・プラットフォーム企業にとって自動車は、単なるＩｏＴ端末です。データを吸い上げるためのセンサーであり、人やモノを移動させる移動端末です。今後自動車会社は、移動端末メーカーとしてシェアを競い合うか、デジタル・プラットフォーマーとして移動サービスを提供するサービス企業へと変化するか、岐路に立たされています。トヨタ自動車は、デジタル・プラットフォーマーとしての企業群を形成し、移動サービス産業をリードする立場を目指すことを宣言したのです。

既存企業は、産業に押し寄せる外的な変化、現代ではその産業の顔をしたデジタル企業がほとんどですが、これらデジタル企業が起こすイノベーションの本質を読み、それに対応し、事業を再構築しなくてはなりません。**産業の改革時は、既存産業の概念の中で他社とどのように差別化するかというブランド戦略ではなく、どういった事業構造の企業になり、どのような新しい価値をつくっていくかという根本的な事業デザインを行う必要があります。**次章では、それら外的変化について見ていきます。

2章

避けられない三つの環境変化

変化の流れを読み解く

ここからは今社会に起きている大きな流れと、その向かう方向を確認し、予測していきたいと思います。本書では、今社会に起きている大きな環境変化を読み解く上で鍵となる要因を三つ設定しました。

一つめはこれから市場の主要ターゲットとなり、世の中の価値観の基準となるミレニアル世代の価値観についてです。ミレニアル世代の価値観は、それ以前の世代とは明らかな違いがあります。その価値観の違いを認識することで、既存サービスと新しいサービスの違いにも共通する文脈を見つけていきたいと思います。

二つめは、シェアリング・エコノミーに関してです。モノを「買う」ことにこだわらない「利用」の価値観は、企業が持つ資産にアクセスして利用するという概念だけではなく、個人間ニーズのマッチング、そして人の能力のシェアまで広がっています。これは、デジタルの進化と、ミレニアル世代の価値観が合わさることでもたらされた変化であり、今後このような消費行動が主流になっていくことが予測されています。特に日本のように製造業がリードしてきた経済は、シェアリング・エコノミーにどう対応するか考えなければなりません。

三つめは、1章で触れてきたIoT、ビッグデータ、AIによる産業構造の抜本的変化、デジタル・

プラットフォーマーの出現に関してです。デジタル・プラットフォーマーは、世の中の物理的データから顧客の個人嗜好まで幅広いデータを吸い上げ、個人個人に最適なサービスを提供することができます。既存企業は、デジタル・プラットフォーマーが目指す産業構造を理解し、対応していかなければなりません。この章では主に上記3点にフォーカスを当て、変化の流れがどの方向へ向かっているのかを見つけていきたいと思います。

①ミレニアル世代の出現～価値観の変化

ここ数年企業は、ミレニアル世代をターゲットとしたマーケティング戦略に苦戦しています。マス広告を中心にコミュニケーションを行ってきた企業は、若者の心を捉えきれずにいます。ミレニアル世代は、それ以前の世代とは価値観が根本的に異なり、価値観が世代で受け継がれていません。**ミレニアル世代の価値観を理解するということは、単に彼ら彼女らを商品やサービスのターゲットとしてどう攻略していくかということではなく、これから数年後に基準となる社会の価値観を理解していくということでもあります。**

シンク・タンクのPew Research Center（ピュー・リサーチ・センター）は2014年に、ミレニアル世代は1981年から1996年に生まれた人々と定義しました。ミレニアル世代の価値観や行動特性は文献の論じるテーマによって幅広く存在しますが、本書ではミレニアル世代の特性として、以下の三つの言葉を設定しました。それは、**「合理性」**、**「包摂性」**、**「接続性」**です。これらの3点は、それぞれが相互に補完し合っています。また、ミレニアル世代を語る上での比較対象として、団塊ジュニア世代（1971年〜1974年生まれ）以上の世代を引き合いに出していこうと思います。団塊ジュニア世代までは、中学、高校時期に携帯電話やインターネットが普及しておらず、アナログのインフラでその時代を過ごした最後の世代です。インターネットという情報の真偽を手軽に調べる手段を持たず、当時はテレビで発信される情報は正しい情報という考え方が主流であり、企業がパブリシティとして仕込んだ情報番組も、テレビ広告も、それらの情報を信用していました。一方ミレニアル世代が育った時代では、物事の根拠がネット上に公開されており、根拠や理論が成立しないと信用に値しないと判断されます。正しい情報はテレビではなくネットの集合知であり、企業の信用基準は知名度から利用者の評価に変わっています。価値観や常識を親の世代やマスメディアに育てられた団塊ジュニア以上の世代と、価値観や常識をインターネットを介した集合知や世界基準の価値観に育てられたミレニアル世代の間にそれらが受け継がれていないのも当然です。

合理性〈判断の基準〉

ミレニアル世代は、団塊ジュニア以上の世代に比べて物事を合理的に判断します。この違いは前述の通り、物事の価値観が形成される青年期におけるインターネットの普及にあります。日本ではミレニアル世代とゆとり教育世代が重なっているため、合理的価値観を精神的な我慢強さの欠如と紐づける論調を目にします。しかし、**ミレニアル世代の価値観や合理的で効率的な行動の根拠はデジタルネイティブか、そうでないかで捉えるべきです。**

では日本におけるインターネットの普及はどのような歴史をたどってきたか確認していきたいと思います。1992年に日本で初めてのインターネットサービスプロバイダがサービスを開始します。1996年にはヤフージャパンのポータルサイトが立ち上がります。2000年にはGoogleが日本語検索サービスを開始します。SNSが広がり始めた2004年に、mixiがサービスを開始しました。また、ブログが登場したのもこの頃です。2004年時点では、1981年生まれの人は23歳、1996年生まれの人は8歳、ミレニアル世代の中間値となる1988年生まれの人は16歳でした。つまり、ミレニアル世代の中間値である1988年生まれの人は、高校時代には既にSNSがあったということになります。2008年には国内で初めてiPhoneが発売され、Facebookが日本でサービスを開始。

２０１１年にはＬＩＮＥがサービスを開始します。この年、ミレニアル世代中間となる１９８８年生まれの人は24歳となり、社会人として働き始めた頃ということになります。こうしてミレニアル世代の育った環境を確認していくと、平均的には中学時代には既にGoogleがあり、自宅のパソコンから世界の集合知へとアクセスできる環境にありました。また、高校時代にはＳＮＳがあり、友人と友人の友人を含む人間関係が可視化され繋がりやすくなり、そのネットワークの広さが資産になるということを実体験として育ってきました。**ミレニアル世代は、それ以前の世代とは違い、広く、正しい情報を、親や先生といった少なくとも自分より経験値が高いという不確実な根拠ではなく、世界の集合知と可視化された広い人間関係を中心に、上の世代に頼ることなく入手してきました。**故に、上の世代が持つ情報や判断基準が常に正しいという価値観を持っておらず、ミレニアル世代からしても団塊ジュニア以上の世代は価値観が異なる世代と感じています。このように団塊ジュニア以上の世代がミレニアル世代の価値観を捉えきれないのは、これまで当たり前だった価値観の継承が行われていないことが一つの要因と言えそうです。

ミレニアル世代にとっての合理性を検証していく上で、二つのカテゴリーに分けて見ていきたいと思います。一つめは行動の合理性、二つめは経済の合理性です。

行動の合理性は、デジタルネイティブとして育ってきたが故に、インターネットを自分の身体機能の一部として使いこなす行動特性が背景となっています。この行動特性は仕事の現場においても、団塊ジュニア以上の世代とミレニアル世代には大きな違いがあります。ミレニアル世代は仕事に対する基本的な価値観として、根拠のない行動を嫌います。何故自分がこの業務を行い、それによりどのような結果が導かれるのか。その手段が幾つかの選択肢の中で最も効率的で、最も高い結果をもたらすことを理解した上で行動を起こします。業務を進行するプロセスにおける個別の行動も同様です。例えば、Ｅメールを使うよりもチャットを使った方がスピードは速くなるので、ミレニアル世代は積極的にチャットで業務進行します。スピードの速さもあれば、情報交換時の形式がＥメールほどフォーマルではないので、誰でも発言しやすい情報交換の場づくりができ、ネット上で議論が活性化します。つまり、スピードと議論のしやすさという点でＥメールを上回ります。また、わざわざ集まって会議をしなくても、パソコンやスマートフォンの画面上でテレビ会議システムを利用して繋がり、別々の場所にいても効率的に会議を行います。インターネットのテレビ会議サービスは進化しており、今では複数の参加者が互いに顔を合わせて、同じ画面上で資料をシェアしながら高音質高画質で会議を行えます。テレビ会議でも必要な情報はすべてシェアできますし、リアルに集まって行う会議と比較しても会議内容の情報の質に遜色はありません。仮に社内外へ打ち合わせのために移動する時間を１日60分とすると、月に20日で１，２００分、１年で１万４，４００分、つまり２４０時間。１日８時間労働とすると30日分に相当します。極論づけると移動時間を1日60分削減するだけで業務の生産量を変えずに年に30日休めることになります。つまり、**デジタルネイティブにとってデジタルツールは行動の効率を上げるために備わった身体機能の一部であり、この価値観で育ったミレニアル世代には、合理的に考え効率的に行動するためにデジタルツールを利用するということは基本設定と言えます。**

続いて経済の合理性について考えてみたいと思います。ミレニアル世代が合理的かつ効率的な消費行動を行う背景には、次の三つの環境変化があります。

一つめは、節約思考を生む日本経済の将来性。
二つめは、インターネットでコストパフォーマンスの高い商品が簡単に見つけられること。
三つめは、シェアリング・エコノミーにより持たざる選択肢が増えたこと。

まず一つめの節約思考についてですが、ミレニアル世代の中間値が生まれた年は1988年です。日本は、1991年にバブルが崩壊し、1998年からデフレ経済が続いてきました。故にミレニアル世代は、物心ついた時から成人するまで、低成長経済環境下で育ってきました。近年は多少の改善は見られるものの、今後継続的な所得の伸びが期待できる確信的要素がある訳ではなく、人口減少、超高齢

各種世帯の１世帯当たり平均所得金額の年次推移

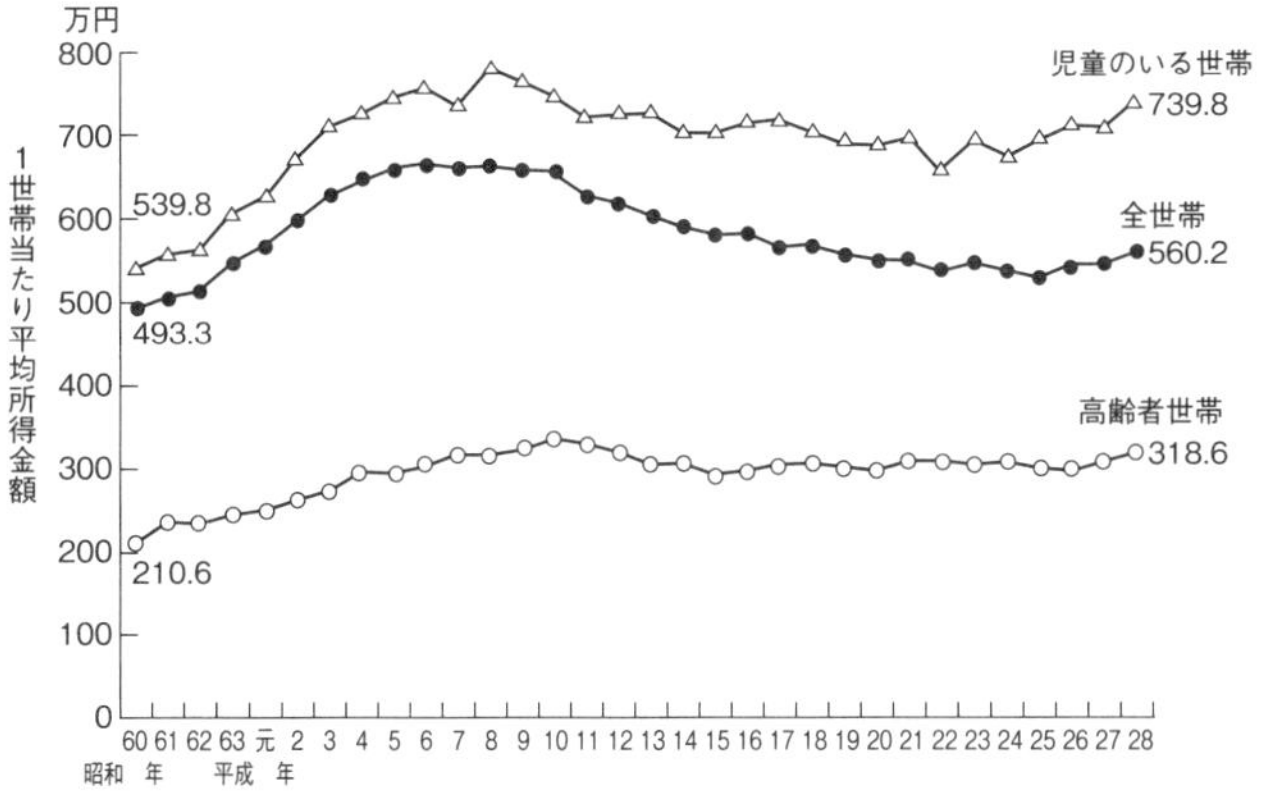

注：1）平成　6 年の数値は、兵庫県を除いたものである。
2）平成 22 年の数値は、岩手県、宮城県及び福島県を除いたものである。
3）平成 23 年の数値は、福島県を除いたものである。
4）平成 27 年の数値は、熊本県を除いたものである。

※ 平成29年　国民生活基礎調査（厚生労働省）

社会に向けてミレニアル世代の負担が増えていく状況は避けられそうにありません。低成長、低所得、低福祉時代に備えるために将来においても無駄な出費はしない、という経済的価値観が育つことは合理的です。

二つめの理由は価格情報サイト等の普及です。今では誰もが最も安い価格でモノを買うことができますし、コストパフォーマンスが高い代替品の情報も簡単に手に入れることができます。ミレニアル世代の中間値が12歳となる2000年には、価格.comがスタートしました。つまりミレニアル世代は、自分のお金で消費活動を行う以前から商品やサービスを最安値で購入するための手段にアクセスできる環境にありました。

三つめはシェアリング・エコノミーです。シェアリング・エコノミーの詳細は次章で触れますが、シェアリング・エコノミーの普及とその主なユーザーであるミレニアル世代は、強い相関関係を持ちます。シェアリング・エコノミーは、デジタル・プラットフォーム上で提供者と利用者を繋ぎます。故に、インターネット上で個人と個人がお互いの情報を提供し合うことに慣れているデジタルネイティブ（ミレニアル世代）にとっては、親しみやすいサービスです。また、シェアリング・エコノミーに該当するサービスは所有欲を放棄すれば、所有するよりも高いコストパフォーマンスを享受することができます。また、シェアリング・エコノミーは、所有よりも多様な体験を提供しているという側面もあります。例えば自動車のシェアリング・サービスでは、自分が利用したい目的に合わせて様々な自動車に乗ることができます。一人でスポーツカーに乗ってドライブをすることも、友達とSUVで出かけることも、その時々のニーズによって、毎回違う体験を手に入れることができます。スマートフォンを介したアクセス性は、所有に近いほど気軽で簡単な自動車利用を実現し、所有より高いコストパフォーマンスと多様な体験を手に入れられるシェアリング・サービスは、ミレニアル世代にとって経済的合理性を超えた魅力があるということです。

このように**ミレニアル世代は、若い頃からスマートフォンを介した集合知にアクセスし、スマートフォンを介したツールを利用することで合理的かつ効率的に動き、スマートフォンを介したモノの共有を行**

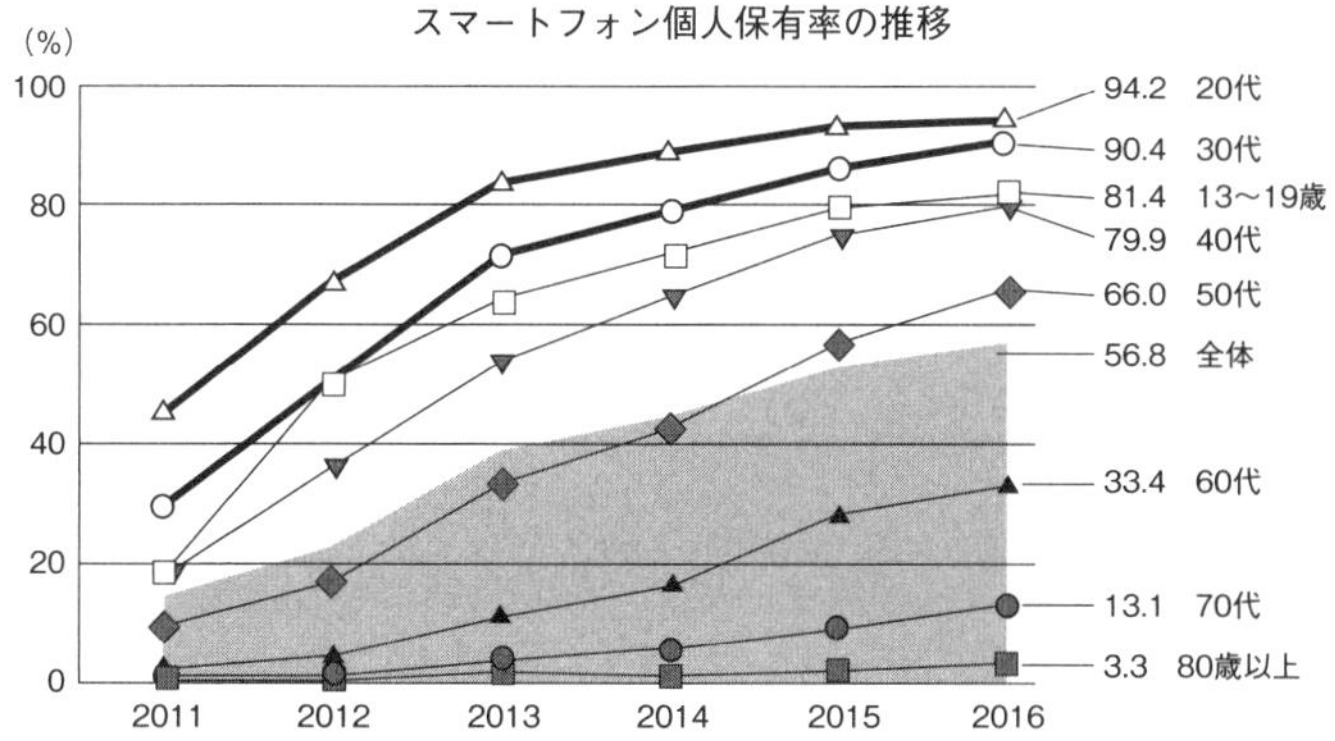

※総務省平成２９年版情報通信白書　通信利用動向調査

うことでコストパフォーマンスと多様性を享受する日常を送っています。彼ら彼女らにとって効率的で合理的ということは、身体感覚レベルで備わった価値であり、物事の重要な判断基準になっています。

包摂性〈多様の容認〉

日本では、ミレニアル世代を一言で表す際に「ゆとり世代」という言葉を使うケースが多く見られます。しかし、ミレニアル世代の価値観や行動特性を決定づける最も大きな要因は、「ゆとり教育」ではなく、「デジタルネイティブ」であることです。前述の通りミレニアル世代は、若い頃からインターネットに慣れ親しみ、20歳前後でiPhoneを手にし、世界への広がりはパソコンの画面から手のひらの上に乗るスマートフォンへと置き換わりました。これによりミレニアル世代は、いつどこにいても集合知、人、サービスへアクセスできる生活を送り、それを身体感覚で動かします。つまりミレニアル世代にとっての常識は、縦社会で受け継がれてきた日本の常識ではなく、開かれた広く世界の一般常識と言えます。尚、総務省が２０１７年度に発表しているスマートフォンの個人保有率は、２０１６年時点で日本の全体では56・8％、20代に限ると94・2％となっています。

広く世界の常識を受け入れる価値観がもたらすのは、物事の関係性を「上下から水平へ」と変えていく思考です。この思考は、多様性の排除ではなく、多様性を受け入れることから始まります。封建的縦社会で育ってきた団塊ジュニア以上の世代にとって、あらゆる物事を水平に接続し直すことは、これまでの常識や築いてきた立場と対峙することから始まります。自分が属する組織の変化や評価基準の変更等の強制的で外的な要因がない限りは、自主的に自らの価値観に働きかけることは難しいかもしれません。しかしミレニアル世代の価値観、つまりこれから世界で標準となる価値観は、異なる価値観の物事を包摂し、繋がっていくことを前提としています。その繋がり方は上下ではなく水平です。尊重し、尊重されることで対等な関係が築け、オープンな会話が可能になります。オープンな会話は、より良い社会を実現する重要な行動であることは明らかです。世界には様々な生物があり、異なる人種があり、性別があり、宗教があり、貧富の差があり、社会的地位があり、それらの中にさらに特異な性質の物事があり、それらマイノリティを含めて支配するのではなく、認め合い共存することで争いのない平和な社会が生まれるということが、価値観の基準になっています。つまり、包摂性は、多様性を容認し、それらと水平的立場で繋がることでより良い社会をつくっていくという価値観を表し、その価値観は世界の新しい基準であり、ミレニアル世代がはじめから持っている社会的価値観と言えます。この価値観は、結局は自分たちが過ごす社会がなるべく豊かに(物質的豊かさではなく、精神的豊かさ)、そして便利で、平和であってほしいという人間としての本質的な欲求に基づいており、そのような社会を実現する上では合理的な考え方であると言えます。つまり、合理的な考え方で社会の構造を捉えると、多様性を受け入れ、認め合う構造の方が、平和で持続的な社会がつくれるということです。

接続性〈幸せの形状〉

繰り返しですが、**ミレニアル世代と団塊ジュニア以上の世代の最も大きな違いは、デジタルネイティブか否か、という点にあります。**デジタルネイティブということは、情報や人への接続の手段が、それまでの世代とは異次元レベルで単位が異なることを意味します。例えば、馬が移動の主役だった時代と、車が移動の主役となった時代では、移動に対する単位の概念が異なるように。ここでいう接続性は、そういった物理的なアクセシビリティの向上の面と、人と人との人間関係のような接続の形状も含みます。

若者向けのマーケティング戦略の従事者は、ミレニアル世代を捉えるためにどのようなコトのデザインをすべきか、という課題に直面します。それらは、**モノからコトへ、という価値観のシフトとも関係していますが、モノはそもそもモノにより実現されるコトの集合体、コトの物質化によりモノになっているという考え方を持つべきです。**例えば車をモノとして捉えると車自体の機能や形状に目がいきますが、コトとして捉えると、家族で出かける体験を提供してくれるツールであり、一人でリラックスする体験を提供してくれるためのツールであり、電車では行けない場所へ行く体験を提供してくれるツールであり、どういったライフスタイルを実現してくれるかという、モノにより実現できるコトに焦点がいくことが分かります。また、モノは所有に繋がりますが、コトは他人とも分け合える体験に繋がります。

団塊ジュニア以上の世代をマーケティングで攻略するには、車の機能やデザイン、モノ自体の優位性やプレミアム性を語れば、彼ら彼女らを購買に動かすことができました。それらは、所有欲をくすぐる文脈だからです。ミレニアル世代を攻略するには、モノで実現できるコトの具体性が重要であり、さらにはその世界観が彼ら彼女らに共感されることが必要になります。それらは、家族や友人と一緒に豊かな時間を過ごすためにどのような体験ができるかという体験欲をくすぐるということです。所有欲を満たすことで自己実現や成長を感じてきた団塊ジュニア以上の世代と、身近な人や仲間と過ごす時間を大切にすることで持続可能な幸福を手に入れる感覚を持つミレニアル世代、それぞれの世代の違いと言えます。

人との関係性を良好に保ち、共に過ごすことに幸福を感じるミレニアル世代にとって、同じ価値観を持つ者同士で接続し合うことは簡単なことです。これも、デジタルネイティブ故の行動の一つです。デジタルネイティブ以前の世代では、価値観の共有は物理的に接続可能な範囲の中で行われてきました。例えば、学校や会社といった自分が所属する社会的組織内で、日常的に実際に出会い、リアルに会話をし、共通の価値観を見つけた者同士が関係を深め、コミュニティを形成していきます。そのコミュニティの範囲は、例外はあっても物理的に互いが実際に会える範囲内に限定されます。ここではお互いがお互いを知り、お互いの知り合いを知る関係性内で信用が担保されています。ある意味クローズドとも言え、参加や離脱において少なくとも心理的な障壁があります。**デジタルネイティブ世代では、共通の価値観を持ったコミュニティは、身近な場所で、人づてで探すという従来の接続方法もありながら、インターネット上で探し、参加するという新しい手段も共存します。**この場合、ワンクリックで参加し、離脱することができるので心理的な障壁が低く、気軽に価値観の接続を行うことができます。その場合接続先が、物理的に接続可能な範囲から、物理的に接続することが不可能に近い地球の裏側の国に住む人までと範囲が広くなるので、共通の価値観を持つ人に接続できる可能性は高まります。これまでであれば、マイノリティとして声を上げなかった人たちが、**共通の価値観を持つ人々と世界レベルで接続すること**で、**従来では組成できなかったコミュニティを組成し、社会からの心理的な疎外感が軽減され、社会に対して声を上げ、自分たちの考えを主張することができるようになります。**このようにネットを介して**広く人と繋がっていく行為は、社会における孤独をなくしていく一つの手段でもありますし、多様性を見つけ、包摂していくプロセスの一つであり、価値観への接続と参加は、広く平等で豊かな社会をつくっていく行為と言えます。**これも、より豊かで平等な社会を実現するための合理的な判断という面では、ミレニアル世代が牽引している価値観と言えます。

このように、接続するという行為は、デジタルネイティブにとってより多様で豊かな社会を実現するための行動であると言えますが、デジタルネイティブ以前の世代にとっては、自分たちが今まで信じ、形を保ってきた封建社会の崩壊にも繋がるため、少なからず警戒心を持っていることも事実です。特に繋がるという行為は、自分の個人情報が広まっていくこととも重なり、近年の日本の成熟社会の中で生まれてきた極端な匿名性を好む志向からは逆流しています。しかし、**利便性という側面のみで接続を捉えると、個人情報をあらゆるネットワークに接続し、プラットフォームに参加した方が生活の質やスピードが向上するのは明らかです。**事実、エストニアやデンマークでは社会インフラのデジタル化を実現し、より便利でローコストな社会基盤をつくっています。余談ですが、私は1ヶ月に一度、中国のクライアント業務のために広州に行っています。中国ではミレニアル世代に限らず個人情報とデジタル・プラットフォームとの接続を歓迎しています。ある時20代の中国人のスタッフに「個人情報を政府や企業に対して提供することを怖いと思わないのか？」という質問をしたことがあります。彼からは、「中国では政府が国民の個人情報を握っているのは昔から当然のことなので、政府や企業に個人情報を知られることに関して怖いとは思いません。それより、企業と接続することでより便利で自分に合った情報を送ってくれますし、接続しなかったらサービスを受ける上でも不便です」という非常に合理的な回答をもらいました。日本のミレニアル世代も、中国の若者とまではいかないにしろ、様々なアプリやスマートフォンサービスを使いこなし、その代わりに個人情報を取られるということのトレードオフに関して、合理的な判断をしているように感じます。

このようにミレニアル世代にとって、接続するという行為は、人生の視野を広げ、ネットワークを広げ、活動範囲を広げ、より自分に合った便利で豊かな生活を手に入れるための手段と言えます。手のひらに収まるスマートフォンから様々なサービスや人、体験にアクセスし、繋がり、認め合うことで豊かで、平等で、平和な社会が実現されます。ミレニアル世代のこのような日常的行動自体が、世界を平和に導く価値観を世の中に浸透させていると言えるかもしれません。

まとめ

ミレニアル世代は、「合理的」。経済的判断はコスト効率、利便性、体験性を重視。日常の行動も時間を効率的に使う。

ミレニアル世代は、「包摂的」。縦社会から横社会。多様性を認め尊重することで、平和で豊かな社会がつくられるという合理的判断。

ミレニアル世代は、「接続的」。手のひらのスマートフォンから、世界中の人、サービス、価値観にアクセスし、共同体を形成する。

②シェアリング・エコノミー〜消費行動の変化

前項でミレニアル世代の価値観や行動について触れてきましたが、今経済に起きているシェアリング・エコノミーというシフトも、ミレニアル世代の価値観と相関関係があります。前項でも述べた通り、シェアリング・エコノミーは経済的合理性という大きな機能的な価値を持つ一方で、体験の多様化という情緒的な価値も持ち合わせた、合理的で魅力的な経済活動への大きなシフトです。あらゆる既存企業は、このような新しい経済的価値観に基づいた活動をする企業やサービスに脅かされていますが、既存企業も同様にこの変化に適応していけば恐れる変化ではありません。しかし、シェアリング・エコノミーに対抗するために、モノを所有することの喜びを従来以上に打ち出そうとすれば、今後はニッチなマーケットを相手に商売せざるを得ないかもしれません。なぜなら**シェアリング・エコノミーはトレンドではなくシフトであり、この変化は避けることができないからです。**

ここでシェアリング・エコノミーの定義を確認しておきたいと思います。シェアリング・エコノミーはまだ歴史が浅く、サービスが日進月歩で進化しているため、定義自体が完成された状態ではありません。日本国内において、シェアリング・エコノミーがどのように定義されているか、総務省が公開している「情報通信白書」で確認してみましょう。

まずは、総務省情報通信白書平成27年版では、シェアリング・エコノミーを次のように定義しています。

「『シェアリング・エコノミー』とは、典型的には個人が保有する遊休資産（スキルのような無形のものも含む）の貸出しを仲介するサービスであり、貸主は遊休資産の活用による収入、借主は所有することなく利用ができるというメリットがある。貸し借りが成立するためには信頼関係の担保が必要であるが、そのためにソーシャルメディアの特性である情報交換に基づく緩やかなコミュニティの機能を活用することができる」

続いて2年後に発表された、同平成29年版によるシェアリグ・エコノミーの定義は次のように進化しました。

「シェアリング・エコノミーとは、個人等が保有する活用可能な資産等を、インターネット上のマッチングプラットフォームを介して他の個人等も利用可能とする経済活性化活動である。ここで活用可能な資産等の中には、スキルや時間等の無形のものも含まれる。シェアリング・エコノミーは個人や社会に対して新たな価値を提供し、我が国経済の活性化・国民生活の利便性向上に資することが期待されると共に、シェアリング・エコノミーを活用することで、遊休資産の有効利用・社会課題解決への寄与が期待され、国内シェアリング・エコノミーの市場規模も拡大傾向にある」

平成27年版と平成29年版で細かい文言の変更もありますが大きく異なることは、「インターネット上のマッチングプラットフォームを介して」という言葉が平成29年版に追加されたことです。これにより平成27年版では「仲介」と記載された事業内容がデジタル産業に位置付けられたということが分かります。また、同平成30年版でシェアリング・エコノミーの市場規模の推移に関して、

「シェアリングエコノミーの国内市場規模は、2015年度に約398億円であったものが、2016年度には約503億円まで拡大しており、2021年までに約1,071億円まで拡大

すると予測している（※本調査におけるシェアリングエコノミーでは、音楽や映像のような著作物は共有物の対象としていない。また、市場規模は、サービス提供事業者のマッチング手数料や販売手数料、月会費、その他サービス収入などの売上ベースで算出している。）」としています。

このように、総務省が発表している現段階でのシェアリング・エコノミーの定義を簡単にまとめると、**シェアリング・エコノミーは「個人と個人」が、「デジタル・プラットフォーム」を利用して、「遊休資産を相互に活用可能にする」経済活動と言えます。**

では、サービスの主体が法人だとシェアリング・エコノミーには該当しないのでしょうか。世の中で一般的に普及するシェアリング・サービスには、シェアという名前が付いたレンタル事業が多く存在します。総務省はシェアリング・エコノミーを個人間取引と定義していますが、顧客の視点では、自分が欲しいサービスを小さな時間単位で簡単に、経済的に安く提供してくれる提供者であれば法人であろうと個人であろうと関係はなく、広くシェアリング・サービスという認識で利用しています。顧客にとって法人が経営するカーシェアリングも、法人が経営するシェアハウスも、自分が所有せずに利用することで経済的な恩恵を受けています。これに対する答えをシェアリング・エコノミーに関する様々な文献から見解をまとめると、法人が事業目的で貸し出し、リースすることを前提として保有した資産を、顧客に対して貸し出し、リースすることで経済活動を行う場合、これは遊休資産の有効活用とは異なり「事業」と見なされ、「シェア」の概念に相当しないため、経済活動を行うことを目的とした法人は除くことが原則、という認識を示しています。一方でこのような記載をする文献でも、例えば企業が使っていない会議室の空き時間を個人等に貸し出す場合は、当初から貸し出し事業目的で所有していることを前提としないためシェアリング・エコノミーに該当する可能性もあり、明確に区分できないとしています。よってシェアリング・エコノミーの細かい定義は、今後変わっていく可能性があります。

シェアリング・エコノミーには、実体としてはレンタル・リース事業となるB2C（企業対個人）のシェアリング・サービスと、総務省が定義するP2P（Peer to Peerの略。Peerとは同等の者という意味を持つため、対等の取引関係であること意味し、本書では個人対個人とする）の形態がある、ということを把握しつつ、本書では定義に従い、シェアリング・プラットフォームを活用したP2Pを基準としたシェアリング・サービスを中心に触れていきたいと思います。では、P2Pのシェアリング・エコノミーが持つ特徴を説明しておきます。従来であれば、他人にモノや場所、時間を貸し出す、共有するという行為は、提供者と利用者に強い信頼関係がある上で成立していました。B2Cのサービスであれば、利用者にとってはサービスを提供する企業が十分に信用に値する企業かどうかが重要になります。信用力の高い企業であることはサービスの品質も少なくとも同程度は保証されているという前提で、利用者は安心してサービスを利用することができます。一方でサービスの提供者からすると、利用者がサービスを規定通りに利用してくれる善良な利用者かどうかを確認しなければなりません。故にサービスの利用開始時には個人の信用を担保するために様々な書類の提出を義務付けることになります。このように、B2Cサービスの利用者は一般的に、サービスの利用開始までに時間がかかり、これが障壁となりサービスの利用が始まらない場合もあります。一方でP2P型のシェアリング・サービスは、SNSとのリンクや、提供するサービスプラットフォーム内での個人の評価等で信用の担保を行っています。人間関係が見える化されたSNSの情報が接続されることで、ある種の社会的な監視力が利用者の心理レベルに対し働き、善良な利用者であろうとさせることが可能だからです。また、P2Pのシェアリング・エコノミーは、誰もが提供者となり、利用者となり得ます。故に、B2Cのような提供者と利用者(顧客)という永続的な関係は成立しにくく、提供者、利用者と言えども受発注のビジネス上の立場ではなく、平等に接続した持ちつ持たれつの関係性が保たれています。利用者が提供者を評価する仕組み同様に、提供者が利用者を評価する仕組みも備わっており、提供者も利用者も、社会的善人として振る舞うことが求められます。仮にこのような高いモラルで成立しているエコシステムにおいてモラルに反する行為があった場合、その利用者は今後シェアリング・エコノミーには参加できないことになります。利用者が合理的な判断を持ち合わせていれば、モラルに反する行為と、そのトレードオフとしてシェアリング・

エコノミーに参加できる権利を失うことは、どちらにメリットがあるかは容易な判断です。**こういった提供者と利用者の平等な関係性は、B2Cビジネスで提供される受発注の立場が明快なレンタル・サービスでは起きづらく、P2P型のシェアリング・エコノミーは、従来のビジネス構造とは異なり、コミュニティに似た水平的な性格を持っていることが分かります。**

ここで、P2P型シェアリング・エコノミーが持つパターンを分析しましょう。総務省情報通信白書平成30年版ではシェアリング・エコノミーを大きく五つのカテゴリー「モノ」「空間」「スキル」「移動」「お金」に分類しています。

モノのシェア

シェアリング・エコノミーを象徴する最も基本的なサービスは、「モノ」のシェアです。このカテゴリーの代表的なサービスの事例をもとに、サービスの特徴を確認していきたいと思います。モノのシェアとは、モノの所有者がモノを使っていない時間に、モノを使いたい人に貸し出すことで利益を上げるという概念です。

ケーススタディ：メルカリ

株式会社メルカリが運営する「メルカリ」は、提供者と購入者がインターネット上でやり取りをして商品の出品や購入ができるフリーマーケット型サービスプラットフォームです。月間の利用者数は2018年11月時点で1，100万人となり、海外を含めたアプリダウンロード数は1億件を突破しています。出品される商品は新品、中古を含めて、衣料、小物、家具、電気製品、自動車等の多くの商品が取引されています。

メルカリのサービスは個人間の売買を仲介するサービスなので、モノの所有者がモノを使っていない時間に、モノを使いたい人に貸し出すことで利益を上げる目的で利用するサービスプラットフォームではありません。故に総務省が定義している純粋なシェアリング・エコノミーとは異なる印象を持ちます。しかし総務省はメルカリをモノのシェアリング・エコノミーの代表事例として挙げています。通常のシェアは、所有者のモノの未利用時間を他の利用希望者に販売することで成立します。利用者は、設定した利用時間が終了すると所有者に返却することになります。その概念で捉えると、メルカリのサービスは一時的に使用して返却するのではなく、所有権を販売・移転することでサービスが終了するため、シェアリング・エコノミーの仕組みには当てはまりません。これはメルカリに限った話ではなく、モノのシェアリング・エコノミーを説明する文献には、フリマアプリを紹介しているケースがよく確認できます。

なぜフリマアプリがシェアリング・エコノミーとして紹介されるのか、それは仕組みの類似性と、フリマアプリがあることで起きている個人のモノの購買に対する意識の変化にあります。メルカリは個人と個人を直接マッチングするプラットフォームを提供している企業で、メルカリ自体がモノを所有している訳ではありません。また、アプリの利用時に提供者、利用者共にお互いを評価し、その評価の集積により信用が増していく点もシェアリング・エコノミーの仕組みに該当しています。次に、フリマアプリユーザーの購買に対する意識変化を見ていきます。商品を新品で購入した時から初回の売買成立までの一定期間利用していた個人Aさんがいて、中古で個人Aさんからその商品を購入した個人Bさんがいます。個人Bさんは別の個人Cさんにその商品を販売するまで一定期間その商品を利用します。同様に個人Cさん、個人Dさんと続いていきます。こうして見ると、メルカリのユーザーにとって、モノを購入する時にそれがメルカリで売れる商品かどうかが重要であることが分かります。**売ることを前提に買う。つまり、購入時の意識はモノの保有ではなく、必要な時間だけモノを利用することを目的としていることが分かります。フリマアプリは、所有とシェアの間を生んでおり、シェアリング・エコノミーの一歩手前と言えそうです。**これが、仕組み自体はシェアリング・エコノミーに完璧に当てはまらなくても、フリマアプリがシェアリング・エコノミーの事例として扱われている理由です。

では続いて純粋に貸し借りをベースとしたモノのシェアリング・サービスを見てみましょう。

ケーススタディ：ShareGrid

「ShareGrid」は、2015年にサービスを開始した撮影機材のP2Pシェアに特化したプラットフォームです。撮影機材は、個人で利用するカメラからプロが使用する機材まで種類や値段が幅広く、個人が自分の制作目的に応じた機材を揃えるには高額な商品を購入するか、高いリース料を払う必要がありました。そのような撮影機材市場に特化したシェアリング・サービスが「ShareGrid」です。**自動車のシェアのような市場規模や日常性はないかもしれませんが、貸し出すカテゴリーやテーマが明快なシェアリング・エコノミーは、趣味や職業等の共通の価値観で利用者同士が繋がることができます。**「ShareGrid」のような、シェアリング・エコノミーが持つ情緒的な豊かさや人と人との繋がりを広げるというコミュニティを組成する特徴にも注目したいところです。

空間のシェア

続いて、「空間」のシェアリング・エコノミーを見ていきましょう。

ケーススタディ：Airbnb

空間のシェアリング・エコノミーの代表は「Airbnb」です。「Airbnb」の基本的な機能はもはや触れる必要もないと思いますが、「Airbnb」の利用者からすると、経済的に安くホテルを借りる機能面以上に、その土地、国の文化に触れるためにその国の居住者の家に泊まるという、体験を豊かにする目的がもう一つあるということは重要です。近年「Airbnb」のサービスは、こういった体験を豊かにする文脈を拡張するために、体験の提供者と利用者を結ぶプラットフォームへと拡大しています。例えば、ヨガ教室を開きたい人と、ヨガを体験したい人。ナイトライフを案内したい人と、ナイトライフを楽しみたい人。こういった体験をサービスの軸にしていくことは、「Airbnb」のブランドイメージを宿泊を提供するシェアリング・プラットフォームから豊かな体験を提供してくれるシェアリング・プラットフォームへと変え、競合ひしめく民泊業界でブランドアイデンティティを明確にし、差別化することができます。

ケーススタディ：スマートパーキング

株式会社シードが運営する「スマートパーキング」は、「車を停めたいドライバー（個人）」と、「保有する遊休スペースを時間貸し駐車場として貸したい個人」とをマッチングするシェアリング・プラットフォームです。このサービスの特徴は、駐車場として貸し出したい個人は、該当する場所に無償で提供

無償で提供されるロードコーンを置くだけで時間貸し駐車場として運営を開始できる（左）。ロードコーンはアプリ地図上に表示され入庫確認等もアプリで行える（右）。

されるビーコーン（微弱電波を発信する小型端末）が搭載されたスマートパーキング専用のロードコーンを設置するだけで時間貸し駐車場として運営が開始できるところです。利用者（車を停めたいドライバー）は「スマートパーキング」のアプリを立ち上げ、地図情報から目的地周辺の空き駐車場を検索します。すると、ロードコーンが設置された駐車場の空き状況がアプリ地図上に表示されます。利用者は表示されたアイコンをタップし、「この駐車場に行く」を選択すると、そのままスマートフォン上のナビゲーションで現地まで向かうことができます。現地に到着するとスマートフォン上のBluetooth機能を使用してロードコーンとスマートフォンを接続し、駐車の確定を行います。出庫する時は、そのままスマートフォン上で決済して終了となります。このように、スマートフォン上でリアル世界の情報と連携した場合、情報の対象となるモノがインターネットに繋がることで、利用者はより便利にサービスを利用することができます。

ケーススタディ：ecbo cloak

ecbo株式会社が運営する「ecbo cloak」（エクボクローク）は、「荷物を預けたい個人」と「荷物を預かるスペースを持つお店」を繋ぐシェアリング・プラットフォームです。コインロッカーの代わりに、online上で預け場所の事前予約ができ、様々な店舗の空きスペースに荷物を預けることができます。現在、カフェ・ゲストハウス・コワーキングスペース・シェアオフィス・カラオケ店・神社・駅構内等で荷物の預かりを行っています。コインロッカーには入りきらない大型の荷物も、「ecbo cloak」なら預かり可能です。

ケーススタディ：monooQ

モノオク株式会社が運営する「monooQ」（モノオク）は、「ecbo cloak」と同様のクロークのシェアリング・サービスです。「monooQ」は、「荷物を預けたい個人」と「荷物を預かる遊休空間を持つ個人」をマッチングするシェアリング・プラットフォームで、短期から長期と希望の期間に応じたマッチングもできます。「monooQ」が特徴的なのは、シナジーの生まれる他のシェアリング・サービスと次々と提携し、より広範囲なサービスプラットフォームへと進化していることです。「monooQ」は２０１７年3月にサービスを開始し、同年8月には、格安ＩｏＴロッカー「SPACER」（スペースアール）を運営する株式会社SPACERと提携しテスト運用を開始しました。「SPACER」は一般的なロッカーと同等サイズの金属製の箱を空きスペースに設置し利用者に貸し出します。箱はネットに繋がっておりカギはスマホで開けスマホで閉めます。スマートフォン上で利用できる電子キーなので、無人での〝荷物の受け渡し〟も可能です。この提携により、個人間の取引でも、取引者同士が会えるか会えないかに関係なくクロークサービスを利用でき、「monooQ」はサービス時間のフレキシビリティを手に入れました。次いで、同年11月には、「モノを運んでほしい利用者」と「モノを運びたい個人ドライバー」をマッチングするシェアリング・プラットフォーム「PickGo」（ピックゴー）を運営するCBcloud株式会社と提携し「monooQ」のサービスから配送サービスの提供を開始しました。これにより「monooQ」は、利用者がクロークに荷物を置きに行く行ための代行もサービス上に組み込むことができます。このように、シェアリング・エコノミーの拡張は、単一サービスの単純な規模拡大（「monooQ」の場合、有休スペースを持つ個人の登録数を拡大）を図るだけではなく、シェアリング・プラットフォームを便利にするために他のシェアリング・プラットフォームと提携し、利用者にとっての一連のサービスをよりシームレスにすることで事業の魅力を拡大していくことができます。

スキルのシェア

続いて「スキル」のシェアリング・エコノミーを見ていきましょう。スキルのシェアリング・エコノミーは、「スキルを提供したい個人」と「スキルを利用したい個人」をマッチングさせるシェアリング・プラットフォームです。個人のスキルが非常に多様で幅広いため、シェアリング・プラットフォームの形態は、すべてのスキルを網羅する複合型から、特定のスキルに特化したテーマ型まで幅広く分かれています。

ケーススタディ：ココナラ

株式会社ココナラが運営する「ココナラ」は、「スキルを提供したい個人」と「スキルを利用したい個人」とをマッチングするシェアリング・プラットフォームです。ここでシェアされているスキルのカテゴリーはデザイン、ビジネス、料理、士業、教育、IT、相談と網羅されており、複合型と言えます。このような複合型のシェアリング・プラットフォームは、空いた時間で副業をするというニーズから、フリーランスがクライアントを見つけるためのプラットフォームとしても機能しており、多様で柔軟な働き方を生み出しています。企業視点で見るとこのようなサービスは「クラウドソーシング」と言われるサービスに位置付けられます。例えば小企業では、今必要なスキルを今所属している社員が持っているとは限りません。そのために新たに人を採用するには結構な労力と費用がかかります。その場合、このようなスキルのシェアリング・プラットフォームで適切な人材を探し、仕事を依頼することができます。ある意味、スキルのシェアリング・プラットフォームは、様々な中小企業にとって、大企業と同様の人材とネットワークを適時適切に整えるためのマジックボックスのような存在かもしれません。ココナラの利用状況は、2018年11月時点で、ユーザー数80万人、取引件数累計200万件を突破しています。

ケーススタディ：KitchHike

株式会社キッチハイクが運営する「KitchHike」（キッチハイク）は、「料理を提供したい個人」と「その料理を食べたい個人」をマッチングするスキルのシェアリング・プラットフォームです。また、「料理をつくり食事を提供するための場」を、サービスの利用者に提供するために、場のオーナーもサービスに登録している点もユニークです。これにより、料理を提供したいけど料理を食べたい人を家に呼ぶのは抵抗がある提供者や、料理を食べたいけど料理の提供者を家に呼ぶのは抵抗がある利用者のニーズをカバーしています。また同時に、空間のオーナーが所有する、使われていない時間のキッチンを第三者が利用することで、空間のシェアリング・エコノミーも実現しています。食のシェアリング・エコノミーは、単にお金を払って食事を食べるという機能と対価の話ではなく、同じ空間に提供者と利用者が存在し、食を通じたコミュニティを形成するという特性も本質として隠れています。**コミュニティを生むサービスとは、人と人の水平の接続を生み、新たな経済と人の幸福を増幅させていることが分かります。**

「KitchHike」は、サービス内でスキルのシェアと空間のシェアを共存させていますが、空間のシェアリングサービスでご紹介した「monooQ」はその他のシェアリング・プラットフォームと提携することで、サービスの幅を広げて利用者の利用価値を上げています。このような提携、買収はプラットフォーム同士に限った話ではありません。大手家具メーカーのIKEAは、2017年9月に、家事代行のマッチングを行うシェアリング・プラットフォーム「TaskRabbit」(タスクラビット)を買収すると発表しました。IKEAはこのサービスを手に入れることで、「IKEAの家具を配送、組み立ててほしい個人」と、「配送や組み立てを受託したい個人」とをマッチングし、よりIKEAの家具を買いやすくするサービスを手に入れています。一方で「TaskRabbit」はIKEAのサービスに特化している訳ではないので、今回の買収により知名度が上がり、「TaskRabbit」のその他のサービスを利用するユーザー数が増え、両社にとってメリットがあった買収と言えます。

移動のシェア

続いて「移動」のシェアリング・エコノミーを見ていきましょう。

ケーススタディ：Anyca

株式会社ディー・エヌ・エーが運営する「Anyca」（以下エニカ）は「自動車を貸したい個人」と、「自動車を利用したい個人」とをマッチングするシェアリング・プラットフォームです。モノを貸し借りする点では、モノのシェアリング・エコノミーにも該当します。自動車のシェアリング・サービスは大量の車両を自社で保有する大手企業が既に多く参加しています。こういった大手企業のサービス利用者は、提供した自分の個人情報が企業のポリシーのもとで守られているという点や、非常時の保証という点で安心して利用することができます。ただし前述の通り、総務省が定義するシェアリング・エコノミーの概念からは、事業目的で保有するモノのレンタル、リースは外されているため、ここでは「個人間のニーズのマッチングをシェアリング・プラットフォーム上で提供」していることを事例の前提として、「エニカ」に触れていきたいと思います。「エニカ」は、2018年9月時点で会員は延べ17万人程度、登録台数は6000台程度、累積利用日数は8万日となっています。大手企業のカーシェアリング事業が普及する中で、「エニカ」の優位性は、大手と比較すると安い利用料金が挙げられます。利用料金は、オーナーが独自に設定することができます。また、個人間取引のため、オーナーとの交渉次第では様々な条件がフレキシブルに変更ができる点も企業が提供するサービスとは異なります。また、大手企業が提供するサービスのカーラインナップは、ニーズに広く対応していくために一般的な車両が多い一方で、個人オーナーの「エニカ」は大手のサービスにはない特徴的な車、例えば高級車やスポーツカー、大型SUV等、体験を豊かにする個性的な車両を見つけることができます。また、サービスを利用することで人との新たな出会いも生まれます。自動車という高額商品を個人間で貸し借りするという心理的なハードルはありますが、それを除くと経済的パフォーマンス、スマートフォンからアクセスできる簡単さ、選択できる体験の豊かさ、人間関係の広がり等、ミレニアル世代の求めるサービスの特徴を捉えていると言えます。

ケーススタディ：Uber

「Uber」はもはや説明するまでもありませんが、「移動を提供したい個人」と「移動を利用したい個人」をマッチングするシェアリング・プラットフォームです。日本では一般ドライバーの自家用車を配車するサービスは現在導入が中止されていますが、「Uber」の展開地域は約80カ国、600都市とされています。また、近年「Uber」のサービスは目的に応じた細分化が進んでいます。例えば「uberPOOL」は、同じ方向に向かう利用者とさらに別の利用者、そしてドライバーをマッチングさせることで、1台の車を他人同士でシェアしながら移動し、料金のシェアを実現しています。いわゆるライドシェアに該当するサービスです。他に「uberPET」もテーマを細分化することでニーズの掘り起こしを行っています。これは、ペットの飼い主が「Uber」を利用して移動したい時に使うためのテーマ特化型のサービスプラットフォームです。これにより利用者は、ペットの同乗を許可してくれる「Uber」の自動車オーナーを探す手間を省くことができます。

日本では民間のタクシー会社がアプリを使った配車サービスを行っています。利用者からするとアプリを使って車を呼べるという点では同様のサービスですが、実体はタクシー会社のonline配車サービスなので、シェアリング・エコノミーには該当しません。「Uber」は、移動のシェアリング・プラットフォームを利用して車の空き時間をお金に変えたいというドライバーがいる限り、車両の台数は拡大していきます。また、「Uber」を利用して移動したいというユーザーがいる限り経済の規模も拡大していきます。

ユーザーの数が減っているのにドライバーの数が増え続けることはありませんし、逆もまた然りです。つまり「Uber」は市場規模に応じてその事業規模自体がリアルタイムに可変します。一方でタクシー会社が運営する配車アプリでは、ユーザーの数が増えてもサービスを提供できる車両はすぐには増えません。タクシー会社は、ユーザーの増加に合わせてサービスを提供する車両台数を増やすために、高額な車両を購入するための大規模な投資を行わなければならず、経済規模に合わせたリアルタイムな事業規模の増減を実現することはできません。つまり、顧客からすると提供されるサービスは似たサービスでも、事業側の実体は全く別であることが分かります。

お金のシェア

最後に「お金」のシェアリング・エコノミーを見てみましょう。

お金のシェアリング・エコノミーは現状クラウド・ファンディングがサービスプラットフォームの中心となります。クラウド・ファンディングが普及することで、「お金を貸したい個人」と「お金を借りたい個人」がお金のシェアリング・プラットフォームでマッチングされて、銀行や証券会社という組織を介さず直接やり取りができるようになりました。お金を不特定多数から集める場合、お金を借りる側は組織を形成する等、信用力を強化するために様々な事前業務が必要でしたが、クラウド・ファンディングでは、募集する側の形態が組織であろうと個人であろうと、募集する内容が商品であろうとプロジェクトであろうとサービスであろうと関係はありません。その内容に共感した人が、応援目的、投資目的で広く投資することができます。また、その投資リターンも金銭的リターンを求めるものから、募集者による優待まで様々です。では、ここでP2P型のクラウド・ファンディングの代表的なサービスを見ていきましょう。

ケーススタディ：CAMPFIRE

株式会社CAMPFIREが運営する「CAMPFIRE」は、2011年にマイクロパトロンプラットフォームとしてサービスを開始しました。サービスの対象は、アート、音楽、パフォーマンス、プロダクト、飲食、映画、書籍等からビジネスまで非常に幅広く設定されています。また、投資のリターンは金銭ではなく、プロジェクトからの優待で成立しています。継続的な応援を募集するプロジェクトではファンクラブ方式がとられ、定額課金制によるファンディグサービスもあります。「CAMPFIRE」は、2018年11月までに、1万7000件以上のプロジェクトが発足し、86万人以上のパトロン（投資家）がサービスを利用し、全プロジェクトで総額87億円以上を集めています。

シェアリング・エコノミーの事例では、なるべく国内のサービスを中心に取り上げてきました。このようなシェアリング・エコノミーは、借りることで経済的にモノを利用するという機能面だけではなく、様々な地域文化に触れたり、人と人との繋がりを増やしたりと、人生を豊かにしていく要素があるという側面に注目してきました。読者の方がミレニアル世代なら、きっとこれらのサービスを日常的に使っておられるでしょう。読者の方が団塊ジュニア以上の世代なら、匿名性が守られておらず、自分が顧客として振る舞えないこのようなサービスを面倒臭いと感じるかもしれません。しかしこれからの社会は、**人との繋がり方が縦から横になり、経済的合理性はより重要になり、モノよりコトや体験が豊かな人生を送るために大切な要素になっていきます。**裏を返せばそういった視点で企業はモノつくりやサービス開発をしていかなければなりません。

まとめ

シェアリング・エコノミーは、ミレニアル世代の価値観がリードする消費行動。故にこれからますます主流に。

シェアリング・エコノミーは、個人と個人が直接つながるプラットフォームで実現される。匿名性の時代から、接続性の時代へ。

シェアリング・エコノミーは、異業種のプラットフォーマーがつながっていくことで、より便利で大

きな利用プラットフォームへと進化する。

③IoT、ビッグデータ、AI〜オートメーション時代への構造変化

ここからは、これからの産業構造の変化を紐解く上で最も重要な要素で、1章でも触れてきた、IoT、ビッグデータ、AIによる産業構造の抜本的変革、プラットフォーマーの出現に関して見ていきたいと思います。以降、IoT、ビッグデータ、AIが導入された時代のことを、「オートメーション時代」と呼びたいと思います。このオートメーション時代への構造変化は、時代のシフトを読み解く三つの要素の中で、最も大きな変革です。ミレニアル世代に対する対応も、シェアリング・エコノミーに対する対応も、既存の事業やサービスをいかに対応させるか、という現在を出発点とした戦略で対応できます。しかし、オートメーション時代への対応は、既存事業や既存サービスを起点とした現在から未来への進化軸では対応しきれない可能性があります。これらの変化は、馬が自動車に取って代わられた変化と同様です。移動という産業が車により改革される中で、自動車に対して馬がどれだけ対抗しようとも、できることは既得権益を武器に自動車に対する規制をかけるくらいしかありません。しかし、便利でより拡張性の高いサービスは、必ず既存の企業を駆逐していきます。車が世の中に現れるまでは、誰もが馬の時代の終焉を疑わなかったように、現代でも既存の産業がシェアを維持している間は、それら既存シェ

アが脅かされることがあっても、新しいサービスに取って代わられると考える人は少ないかもしれません。しかし、**今起きているオートメーション時代に向けた変革は、既存のサービスを、新しく生まれたカテゴリーのサービスが乗っ取ろうとしているプロセスにあります。**そのような変革の対象は、大手の自動車会社ですら例外ではありません。1章で述べたように、もしトヨタ自動車がオートメーション時代の変革に向けた対応をとらなければ、移動産業のイニシアチブはデジタル企業が握り、トヨタ自動車は精度の高い移動端末メーカーになっていきます。さらに、自動車の主要な技術が内燃機関からモーターに代わる時代には、**自動運転に最適な車両を製造する優秀な端末メーカーにもなり得ないかもしれません。**オートメーション時代に**大きくシフトしていく中で、到来する可能性が高い変化や危機に、過去の価値観で立ち向かおうとする企業**であれば、サプライヤーやパートナーもその将来性を期待することができません。**故に1章で見てきたように、**トヨタ自動車がモビリティ・カンパニーへのシフトを行い、**それが実現する社会、世界観を目指すと発表した**ことは、あらゆるサプライヤーやステークホルダーにとって、これからもトヨタ自動車と将来を共にしようと決心する材料になります。これは自動車産業に限った話ではありません。様々な産業で起きている話です。**企業がオートメーション時代の変化にどのように対応していくかを考えることも大事ですし、その考えを早々に発表し、ステークホルダーやパートナーに対して、未来のビジョンと事業の将来像を共有することも大切です。**そうしなければ、既存パートナーは、新しい時代を共にする新しいパートナーを探し始めることになります。

オートメーション時代へ向けた未来のビジョンを考察する時に、既存の環境を起点に考えてもイノベーションは起きません。**どのようなシフトが起きるのか、一度極論で考えて、そこからバックキャスティングで今と線を結び、いつまでに何が起きるのかを予測しながら、事業やサービスのビジョンをつくる必要があります。**トヨタ自動車が発表した「e-Palette」は、決してSFの話ではなく、移動産業がどう変わり、それにより社会や生活がどう変わるかという仮説です。移動産業の変革により、社会の世界観まで変わるかもしれない、ということを前提として、そこに向けて今から自社に何ができるのか、できない場合はどのようなパートナーと協働すべきなのかを初めて考えることができます。その時には、IoT、ビッグデータ、AIがもたらすオートメーション時代へのシフトの輪郭を把握し、自社が所属する産業の変革を極論で一度考えることが大切です。

では、これらオートメーション時代へのシフトに向けた鍵となる三つの要素「IoT」、「ビッグデータ」、「AI」について見ていきたいと思います。

IoT：データを収集するためのセンサー

IoTは、総務省情報通信白書平成27年版では次のように解説されています。

「『いつでも、どこでも、何でも、誰でも』ネットワークにつながる『ユビキタスネットワーク社会』は2000年代前半から構想されてきたが、近年、急速に現実化が進んでいる。パソコンやスマートフォン、タブレットといった従来型のICT端末だけでなく、様々な『モノ』がセンサーと無線通信を介してインターネットの一部を構成するという意味で、現在進みつつあるユビキタスネットワークの構築は『モノのインターネット』（IoT：Internet of Things）というキーワードで表現されるようになっている。IoTのコンセプトは、自動車、家電、ロボット、施設などあらゆるモノがインターネットにつながり、情報のやり取りをすることで、モノのデータ化やそれに基づく自動化等が進展し、新たな付加価値を生み出すというものである。これにより、製品の販売に留まらず、製品を使ってサービスを提供するいわゆるモノのサービス化の進展にも寄与するものである」（一部抜粋）

また、同平成29年版では、その市場規模の推移に関してこのように記載されています。

「第4次産業革命の到来を象徴するともいえるIoTデバイス数の推移及び今後の予測についてみてみる。インターネット技術や各種センサー・テクノロジーの進化等を背景に、パソコンやスマートフォンなど、従来のインターネット接続端末に加え、家電や自動車、ビルや工場など、世界中の様々なモノがインターネットへつながり、その数は爆発的に増加している。IHS Technologyの推定によれば、２０１６年時点でインターネットにつながるモノ（ＩｏＴデバイス）の数は１７３億個であり、２０１５年時点の１５４億個から12・８％の増加と堅調に拡大している。２０１６年を起点に２０２１年までに年平均成長率（CAGR）15・０％とさらに成長率が加速し、２０２０年は約３００億と現状の数量の２倍に規模が拡大する見通しである」

さらに、同平成30年版では、２０２０年のＩｏＴデバイス数を４００億個と上方修正し、毎年の予測を上回る急速なペースで普及していることが分かります。

ＩｏＴの実体を把握する上で一つポイントがあります。**インターネットに繋がったモノとは、それを使ってネットにアクセスし、その他のモノを操作、制御し、サービスを利用することを目的としたスマートフォンのような操作端末というよりは、モノがインターネットに繋がることで、モノを利用するユーザーの利用状況から得られる個人データを収集する目的や、そのモノが置かれている周辺の物理的状況を把握し収集する目的のセンサーであると理解した方が、モノがインターネットに繋がるということの、従来の常識との違いを正しく理解できます。**例えば自動車をインターネットに繋がった単体のセンサーとしてみた場合、自動車が取得できる情報は多種多量であることが分かります。まず当然ですが、自動車自体が起動しているかいないか、自動車自体に不具合があるかないかを把握し、所有者に適切なメンテナンス状況を教えることができます。また、所有者がいつ自動車を利用し、どこに行き、どのような運転特性があるかを把握することで、所有者がどのような生活サイクルを持っているか把握できますし、運転の特性から所有者に最適な保険サービスを提供することもできます。センサーとしての自動車は、各車両が様々なデータを吸い上げ、それらデータは蓄積されていくことで大きなデータを形成します。さらにそれらが産業の異なる別のデータと接続されることで、マクロとミクロのデータが融合し、俯瞰から詳細まで正確に構成されたデータがリアルタイムにアップデートされ続けます。例えば、車体の前後左右に設置されたセンサーは、道路の状況をリアルタイムに吸い上げてデータセンターに送ることができます。これらデータは、地図情報会社が提供する衛星等を利用して収集した大きなスケールの地図情報と合流し、マクロのデータ、ミクロのデータ双方で補完していきます。それらはリアルタイムでアップデートされ、従来の地図よりも詳細で、リアルタイムに地図情報を更新し続けます。この場合自動車は、地図情報をリアルタイムにアップデートするために世界中に配置された移動型センサーと言えます。例えば、ある1台の自動車のワイパーが動いていればそこは雨が降っている可能性があります。さらに、その自動車の周辺にいる自動車100台すべてのワイパーが動いていれば、雨が降っている可能性は極めて高くなります。また、ワイパーの動くスピードがデータとして送られることで、小雨なのか、大雨なのかも把握することができます。それらのデータにより生成されたリアルタイムの雨の情報と、気象衛星が提供する気象情報を接続することで、マクロとミクロを網羅するより詳細な気象状況をリアルタイムで生成することができます。この場合自動車は、気象情報をリアルタイムにアップデートするために世界中に配置された移動型センサーと言えます。つまり、**モノのセンサー化により、モノの状態や利用者の行動特性、モノが置かれた物理的な空間情報を把握し、その他のデータとも融合可能な汎用性の高いデータを収集し、それらデータが大量に蓄積されることで、マクロとミクロを補完する巨大なデータになり得るという考え方です。**そのような視点で見ると、自動車にセンサーを搭載した自動車会社は、先ほどの例だけでも詳細な地図情報をつくることができますし、詳細な気象データをつくることもできます。その他にも取得可能なデータを吸い上げると、あらゆるデータを融合して、様々なサービスを展開することが可能と言えます。また、地図情報会社や気象情報会社からすると、自動車のセンサーから吸い上げられたデータに接続することでより詳細なデータを生成することができるため、自動車会社は接続したいセンサーを大量に保有する会社として協業の対象と言えます。同様に、例えばアップルだと、世界中に配布したiPhoneという端末を通じて、インターネット上での個人の行動や嗜好を取得できますし、Apple Watch等のウェアラブル端末を使って、人体の情報を取得することができます。つまり、**世界の巨大企業は、いかにしてデータを取得するための端末を世界中に設置していくかという視点に、競争が移っているとも言えます。**データを取得することができるのは、このような従来の電子機器だけとは限りません。寝室のベッドがインターネットと繋がりデータを収集すると個人の睡眠の状況を把握し、その蓄積は人類の睡眠の実態を把握することに繋がりますし、睡眠の質が低い人に対して適切な対応を提供することができるかもしれません。椅子がインターネットと繋がりデータを取得すると、分単位で人の体重の変化を集めることができ、適切な食事メニューの情報を提供し、長時間座ることで体のどこに負荷がかかるかを測定して、運動メニューを提供できるかもしれません。このように、世の中に存在するすべてのモノにはそこから吸い上げ可能なデータが存在し、そのデータはそのモノが所属する産業を超え、広く様々な使われ方を持ち合わせています。それら異なる産業のデータが繋がった時に、その巨大データを支配する組織が、既存産業を支配する立場にいることは想像できます。

他にも、IoTはあらゆる工場をより高度にスマート化させる可能性にも言及されます。これは2011年にドイツ工学アカデミーらが発表した「インダストリー4.0」の考え方に基づくものです。インダストリー4.0は、スマートファクトリーを実現することで、工場の生産プロセスから流通のプロセスを自動化し、生産の効率性を高めるという考え方でした。また、販売された商品のセンサーにより利用状況や故障の状況を把握できれば、それらの状況に応じて工場の稼働を変化させることができます。このようにモノがインターネットに繋がることによって、無駄のない高度な生産プロセスを可能にします。例えば、トヨタ自動車の工場は、世界中のどの自動車メーカーの工場よりも無駄がなく、高い生産性を保っています。それは、工場で働く一人ひとりの人の気づきがきちんと意見として吸い上げられ、それらを改善し続けたことから極めて効率的な稼働を実現しています。ある意味、ＩｏＴによるコンピュータ制御がもたらす高効率工場の姿を、人の力で積み上げてきた結晶と言えます。しかし、ＩｏＴが工場に導入されると、世界中のすべての企業がトヨタ自動車の工場と同じ、またはそれ以上に高効率の工場を手に入れることができます。その工場はトヨタ自動車でもこれまで実現できなかった、販売済み商品の利用状況が反映される新次元の工場になります。

２０１８年3月26日に、以下のようなニュースが掲載されました。

「３Ｄプリント用素材を手がける中国企業のPolymakerは、ボディ等を３Ｄプリンターで成形する電気自動車『LSEV』をイタリアのＥＶメーカー、X Electrical Vehicleと共同で量産すると発表した。量産開始は２０１９年第2四半期の予定だが、すでに７０００台の注文が入っているという。LSEVは、2人乗りの小型ＥＶ。市販可能な量産車を実現するため、Polymakerは数十種類のエンジニアリングプラスチック素材を開発。さらに、表面加工等の技術も考案した。自動車全体のうち、シャシー、シート、ガラスを除き、インテリアおよびエクステリア等見える部品の多くを３Ｄプリンターでつくる。複雑な形状のプラスチック部品を３Ｄプリンティングで成形することから、一般的に２０００点以上あるといわれる部品の種類を57点に減らせたそうだ。これが軽量化にもつながり、このサイズの車だと通常1トンから1.2トンになる重量を450kgに抑えられた。さらに、3年から5年かかるという新車の開発期間を3カ月から12カ月に短縮し、投資コストを7割以上も削減できるとしている」(CNET Japan)

生産テクノロジーの高度化は企業の生産効率を格段に高めるために、当初IoTが産業界に与える衝撃は、こうした生産の現場(スマートファクトリー)を中心に語られてきました。さらに最近はモノのセンサー化がより進化し、それらが世の中に普及し、大量のデータを吸い上げることで起こり得る産業構造の変化に注目が集まっています。IoTがもたらすインパクトは、生産の自動化により生産効率を究極まで高めることだけではなく、インターネットに繋がった商品をコントロールすることで自動化された社会を生み出すことだけでもなく、データを吸い上げることで世界中のモノや人の動きを把握し、その結果起きる産業構造の変化にあります。本書では「データ化」の面に注目していきたいので、IoTによりデータが吸い上げられることで企業と顧客との関係にどのような変化が生まれるかを中心に考えていきたいと思います。

ここでIoTによって事業構造を変えた代表的な例としてこれまで様々なメディアで頻繁に取り上げられてきたゼネラル・エレクトリック(以下GE)の航空機エンジン事業の例を参照したいと思います。結論から言うと、GEはIoTの導入により、モノを売るメーカーから、サービス業へと変わったという内容ですが、そのように語られる背景を見てみます。

ＧＥは過去１００年以上にわたり、収益の大半を、産業用機械の製造、販売、メンテナンスで上げていました。しかし近年、これまでは競合相手ではなかったデータ系企業に主要顧客を奪われるという問題に直面していました。これらの企業は、機器から得られるデータを分析・解析し、より効率的な機器運用や、データをもとにした価値の高い情報サービスを取引先に提供し始めていました。このようなコンサルティング企業がクライアント側に入り込むと、ＧＥのようなメーカーは代替可能な立場に追い込まれます。そこでＧＥは、「インダストリアル・インターネット」を提唱し、事業構造改革を行いました。ＧＥは自社の製品にセンサーを搭載し、製品の利用状況や状態をリアルタイムで把握、それらデータをもとにした高度なサービスを展開していきます。ジェットエンジンの場合、かつてのＧＥであれば、エンジンを販売して、そのエンジンのメンテナンスで収益を上げていきますが、世の中のすべてのメーカーがそうであるように、収益の大半は販売時に上げることになります。つまり、ＧＥはエンジンを作って、売る企業です。そこから「インダストリアル・インターネット」構想を経て、ＧＥは、エンジンを利用してもらうことで継続的な収益を上げていくサービス企業へと変化しました。**収益を上げる機会が売ることから利用し続けてもらうことにシフトすると、企業のサービスに対する意識やその体制も変わります。**いかに継続的に利用してもらうかを前提にすると、販売単価を上げるための製品開発から、長く使い続けてもらうための製品開発に変わり、利益に直結する組織は営業部門からサービス部門へと広がります。販売先企業の中長期的な業績が自社の中長期的な業績に直結してくるので、販売先企業にとって価値のあるソリューションを提供する視点へと変わっていきます。ジェットエンジンにおいては、エンジンの状態をリアルタイムに把握し、正確なメンテナンスサービスに繋げ、エンジンの使用効率を上げることで年間の飛行時間を延ばすという飛行機会社にとっての高効率化を行い、それを実現することで同様に自社収益(航空機エンジン部門)の向上にも成功しています。

ビッグデータ：これからの経営資産

GEのように、自社製品に取り付けられたセンサーからデータを吸い上げ、それを分析・解析すると、クライアントに対して効率的な使用方法やより付加価値の高いサービスを提供することができます。オートメーション時代の事業は、データの質と量がサービスの要になります。それらデータは集まることでビッグデータを形成していきます。では、ビッグデータとは何なのか、これまでどのように定義されてきたか見ていきましょう。

総務省情報通信白書平成24年版では、ビッグデータの概念に関して以下のように解説しています。

「ビッグデータとは何か。これについては、ビッグデータを『事業に役立つ知見を導出するためのデータ』とし、ビッグデータビジネスについて、『ビッグデータを用いて社会・経済の問題解決や、業務の付加価値向上を行う、あるいは支援する事業』と、目的的に定義している例がある。ビッグデータは、どの程度のデータ規模かという量的側面だけでなく、どのようなデータから構成されるか、あるいはそのデータがどのように利用されるかという質的側面において、従来のシステムとは違いがあると考えられる」

ここでのビッグデータとは、**「量的側面」**と、どのように利用されるのかという**「質的側面」**があると定義されています。

また、同じく平成25年版では、その特徴について以下のように記載されています。

「ビッグデータの特徴について説明すると、データの利用者やそれを支援する者それぞれにおける観点からその捉え方は異なっているが、共通する特徴を拾い上げると、多量性、多種性、リアルタイム性等が挙げられる。ビッグデータを活用することの意義は、ＩＣＴの進展に伴い多種多量なデータの生成・収集・蓄積等がリアルタイムで行うことが可能となり、そのようなデータを分析することで未来の予測や異変の察知等を行い、利用者個々のニーズに即したサービスの提供、業務運営の効率化や新産業の創出等が可能となっている点にある」

さらにビッグデータの内訳として、ＰＯＳデータや企業内で管理する顧客データといった構造化データだけでなく、構造化されていない多種・多量なデータ（電話・ラジオ放送等の音声データ、テレビ放送等の映像データ、新聞・雑誌等の活字データ、ソーシャルメディアに書き込まれる文字データ、映像配信サービスで流通している映像データ、電子書籍として配信される活字データ、ＧＰＳから送信されるデータ、ＩＣカードやＲＦＩＤ等の各種センサーで検知され送信されるデータ等）も急増していると指摘しています。平成24年から平成25年にかけて、ビッグデータに対する定義がより具体的になり、「リアルタイム」というキーワードが生まれてきたことが分かります。

そして、平成29年版では、ビッグデータの種別は以下の四つに分かれると定義が加わりました。

1）政府：国や地方公共団体が提供するオープンデータ

政府や地方公共団体等が保有する公共情報について、データとしてオープン化を強力に推進することとされているもの。

2）企業：暗黙知（ノウハウ）をデジタル化・構造化したデータ

農業やインフラ管理からビジネス等に至る産業や企業が持ちうるパーソナルデータ以外のデータ。

3）企業：Ｍ２Ｍ（Machine to Machine）から吐き出されるストリーミングデータ

例えば工場等の生産現場におけるＩｏＴ機器から収集されるデータ、橋梁に設置されたＩｏＴ機器からのセンシングデータ（歪み、振動、通行車両の形式・重量等）等が挙げられる。

4）個人：個人の属性に係るパーソナルデータ

個人の属性情報、移動・行動・購買履歴、ウェアラブル機器から収集された個人情報を含む。

このようにビッグデータには、元々データを集めるために存在するもの（衛星や監視カメラ等）から吸い上げたデータをはじめ、ＩｏＴにより世の中に製品として配布されたセンサー（1章で取り上げたように、世の中に存在するすべての物をセンサーとして活用する時代）から吸い上げたデータ、個人の購買行動やウェブサイト上での行動履歴（人の思考や趣味嗜好）、企業が持つノウハウ等非常に多様なデータが含まれることが分かります。今後こうした様々なデータを組み合わせることで、従来は想定し得なかった新たな価値を生むソリューションが実現したり、そのソリューションの実現において異なる領域のプレーヤーが連携するイノベーションが実現したりすることが期待されています。

例えば、1章で見てきたトヨタ自動車「e-Palette」を例にして見てみましょう。トヨタ自動車はこの構想で、自動車メーカーから、モビリティ・カンパニーに変わっていくと宣言しています。ここでいうモビリティの対象は人の移動に限った話ではなく、買ったモノの配送や店舗自体の移動といった流通業界を対象とした新たなモビリティ・サービスも入ります。このようなサービスを実現するためには、人の購買情報や位置情報、配送するモノの属性や形状、重量や位置情報を把握しなければなりません。自動運転の実現までであれば、自動車に搭載したセンサーと、地図、道路、信号情報にアクセスし、自動運転を司るＡＩで実現できますが、物流を実現するとなると、届け元や届け先、どのようなモノを届けるのか等のデータにアクセスしなければなりません。つまり、産業の領域を超えてデータを連携しなければ「e-Palette」の世界観は実現しません。1章でも述べたように、トヨタ自動車はこの世界の実現に向けて、様々な企業との連携を発表しています。中でも流通の領域で提携する代表的な企業はAmazonです。

Amazonが吸い上げるデータの特徴は、顧客個人の嗜好、趣味、購買行動、位置情報等が挙げられます。これらの情報は、トヨタ自動車が自社の自動車に設置できるセンサーでは吸い上げられない情報です。一方でAmazonからすると、自社の顧客の購買行動に対してリアルタイムに応えられる物流のシステムを配備するには相当の時間とお金がかかります。それは、物流会社を買収すれば済む話ではなく、物流の自動化を実現するために企業が集めたビッグデータと連携ができなければなりません。つまりトヨタ自動車とAmazonは、事業領域の補完関係という関係性と同じように、データ領域の補完関係により有益なパートナーとなり得ます。このような構想が代表するように、**今後企業がパートナーシップを結んでいく視点は、事業領域のシナジー同様にデータ領域のシナジーが重要になってくることが分かります。**

トヨタ自動車がAmazonをはじめとした国籍や業界の異なる様々な企業とパートナーシップを結んでいるように、世界はビッグデータを経営資源とした新たな経済圏を形成していくことが予測できます。

余談ですが、ビッグデータは、あらゆるセンサーから吸い上げられた物理的、社会的、個人的情報により形成されていますが、それは誰もがアクセスして利用できるデータではありません。あらゆるデータにそのデータの帰属先が明確でなければ、安全なデータの運用に繋がりません。米マサチューセッツ工科大学のアレックス・サンディ・ペントランド教授は、「データのニューディール」と称し、データを収集される側の個人に有利なように、データ取得権を見直すべきだと唱えています。どのようなデータが収集されているかを可視化し、収集を認めるかどうか本人の意思で決められるようにすべきだという主張です。このような主張と議論が今後活発になっていけば、ビッグデータによる産業の構造改革のスピードにマイナスの影響を及ぼすことが想像できます。一方で中国のように、個人データの収集に他の先進国と比較するとそれほど抵抗のない国民性のもとにおいては、ビッグデータを活用した新しいサービスが次々と実現していくことが予測されます。日本企業は、デジタル時代のケーススタディをフォローしていく対象を、シリコンバレーから中国に広げ、実装段階で起きている事象を観察していくべきだと感じます。

AI（人工知能）：パーソナライズを生み出すツール

続いてAI（人工知能）について見ていきたいと思います。AIは今、先進テクノロジーの分野で最もホットな話題ですが、その話題は、人工知能が発達し人間の知性を超えた時、AIは、人間の生活や感情にどのような影響を与えるのか、AIによりどのような職業が奪われるのかという内容が中心です。

しかし本書では、AIがどこまで発達し、それにより人間社会がどう変わるかという話ではなく、マーケティングを行う上でビッグデータの把握、解析を行い、個人の行動を学び、予測し、よりパーソナライズされた最適なサービスを提供するテクノロジーとしてのAIを捉えていきたいと思います。

現時点でAIは共通認識としてどのように捉えられているか、どの程度まで世の中に実装されているのか、総務省の認識を確認していきたいと思いますが、**結論から言うとAIとは何か、という明確な定義はされていません。** AIの研究者をはじめ、AIを定義しようとする人の置かれた環境によってその定義が異なるからです。現状AIに対する定義が前述の状態であることを前提に、総務省情報通信白書平成28年版の記載内容を見てみます。

「普及しつつある人工知能（AI）という言葉が、初めて世に知られたのは1956年の国際学会と比較的新しい。人口知能（AI）は、大まかには『知的な機械、特に、知的なコンピュータプログラムを作る科学と技術』と説明されているものの、その定義は研究者によって異なっている状況にある。その背景として、まず『そもそも〝知性〟や〝知能〟自体の定義がない』ことから、人工的な知能を定義することもまた困難である事情が指摘される。例えば、人口知能（ＡＩ）を『人間のように考えるコンピューター』と捉えるのであれば、そのような人口知能（ＡＩ）は未だ実現していない。」「また、人口知能（ＡＩ）とは『考える』という目に見えない活動を対象とする研究分野であって、人口知能（ＡＩ）がロボットなどの特定の形態に搭載されている必要はない。このような事情をふまえ、本書では人工知能（ＡＩ）について特定の定義を置かず、人口知能（ＡＩ）を『知的な機械、特に、知的なコンピュータプログラムを作る科学と技術』と一般的に説明するにとどめる」

世間一般ではＡＩのイメージは、人間のような思考と感情を持ったロボットとしてイメージされがちですが、実際はまだ定義自体明確ではありません。また、ＡＩに対峙する人の考え方や立場によってＡＩという言葉自体が指す意味にも差があるので、前述のように、企業活動において人間では管理しきれない膨大なデータを識別し、データによる予測を行い、目指す活動を適切に実行できる、様々な領域に特化したコンピュータプログラムと捉えておく方がマーケティングにおけるＡＩの共通認識として誤解が少ないように感じます。

ＡＩを利用した具体的な事例はまだまだ乏しいのが現状です。しかしＡＩは仮にベータ版の状態だとしてもリリースされ、それらがユーザーに使われることでAIが利用パターンを学習していく必要があるので、レベルの差はあるにせよ様々な企業がAIのベータ版ともいうべきサービスのリリースを始めています。中でも今後マーケティング業界において購買行動の起点になり得るツールとして顧客の生活に入り込み始めたのは、AIを搭載したスマートスピーカーです。スマートスピーカーの利用者は、スピーカーを通じてネットに繋がった家電や端末に指示を出したり、音楽を再生したり、買い物をすることができます。これらのスピーカーは、スマホにアプリをインストールするように、様々な企業が制作・提供する「スキル」と呼ばれるアプリをインストールすることで機能を拡張し、多様なサービスを提供しています。例えば、交通案内をサービスとする企業が制作した「スキル」をスマートスピーカーにインストールすると、スマートスピーカーに話しかけることで路線案内をしてくれます。スマートスピーカーの領域では、Googleが「Google Home」、Amazonが「Amazon Echo」、国内ではLINEが「Clova WAVE」という名称のスマートスピーカーをそれぞれ発売しています。しかしこれらはスピーカーの名称で、「Google Home」では「Google アシスタント」、「Amazon Echo」では「Alexa」(アレクサ)、「Clova WAVE」では「Clova」(クローバ)という名前のAIがそれぞれ対応しています。このようなスマートスピーカーは形こそスピーカーですが、「家庭用音声AIアシスタント」と呼ばれ、人の言語から指示内容を認識、識別し、最も適した回答を予測し、行動を実行するという機能を持っています。つまり、スピーカーは利用者の日常生活に入り込んだセンサーと言えます。センサーからは様々なデータがビッグデータに蓄積されていきます。センサーが自動車であれば、ドライバーの運転特性、交通状況、道路状況、気象情報等が吸い上げられます。センサーがスマートスピーカーなら、利用者がスピーカーに指示した内容、つまりユーザーの生活パターンから趣味嗜好、購買履歴等が吸い上げられます。また、吸い上げたデータをもとにして、各端末(インターネットに接続された自動車やスマートスピーカー等)に適切な行動をフィードバックし、動かすことで、AIはユーザーと高度な双方向コミュニケーションを実現していきます。故にAIにとっては識別、予測、行動の精度を高めるためにデータの質と量を確保していくことが重要であり、それらを吸い上げるセンサー(インターネットに接続された自動車やスマートスピーカー等)の量と多様性も重要になります。

一方で利用者の視点で見ると、自分の個人データをスマートスピーカーにインプットしていくことで質の高いビッグデータを形成しているという認識はなく、自分が便利で快適な生活を送るためにスピーカーが何をしてくれるかという視点になります。企業がユーザーからデータの量を吸い上げるためには、利用者にスピーカーを頻繁に使ってもらう必要があるので、スピーカーができることを少しでも増やすことが重要です。そのためにはオープンなプラットフォームで、様々な企業に「スキル」を開発してもらい、それによりユーザビリティが向上すると利用者はよりスマートスピーカーを利用してくれることになります。**大量生産**されているスマートスピーカーもＡＩの**搭載**によって、ユーザーにあわせた「パーソナライズ」がなされていると言っていいでしょう。（パーソナライゼーションとは、顧客の嗜好に合わせて提供者側が行うこととし、カスタマイゼーションとは、顧客が自分の嗜好に合わせて自分で行うこととします。）

現段階におけるＡＩの実体を把握するためにスマートスピーカーの例を挙げましたが、他にも小さな例として企業のウェブ上で顧客の質問に対応するためにＡＩによるチャットボットを展開している場合でも考え方は同じです。データに蓄積された顧客の質問のパターンを識別し、正しい回答を予測し、実行するというＡＩの役割は変わりません。**ＡＩが使用できるデータがより個人に紐づいたデータであれば、個人に最適化されたサービスをＡＩが提供し、個人は提供されるサービスの精度が高まるほどＡＩに対する信頼を増し、ＡＩの提案を受け入れる消費行動へと移っていきます。**その際、企業のマーケティング戦略は、どうすればＡＩがリコメンドしてくれる商品になれるか、という課題を抱えるかもしれません。

この項では、デジタルシフトによる産業構造の変化に関して触れてきました。ＩｏＴによりセンサー化した端末が様々なデータを吸い上げることでビッグデータを形成し、それをＡＩが識別し、正しい答えを予測し、正確に行動し、そしてその利用パターンを学習していくことでよりサービスの精度が増していきます。この自動化の流れにより、**これまで自動車や電気製品を、製品単体として精度を高めることで産業構造を支配していた日本のメーカーが、データとAIで製造業を支配するために新たに出現するデジタル・プラットフォーマーに対して高精度な端末(自動車や電気製品)を販売するサプライヤーへと変わっていく姿が予測できます。**この産業構造の巨大な変化、市場を支配する立場にあるプレーヤーの交代劇こそ、今起きていることが第四次産業革命と言われる所以です。巨大なマーケットに対し、巨大な工場、巨大な流通を確保することでシェアを広げていった製造の時代から、巨大なデータと個別かつ適切なサービスをリアルタイムに自動で提供することで新たな経済圏を生んでいくオートメーションの時代へと変わってきています。データの量と質が企業競争において重要な時代に、どのような企業群がどのようなデータを保有することで巨大な経済圏を描けるかという競争に入っています。トヨタ自動車がAmazonと提携するという発表も、その時代の到来を予感させる一つの事実です。

まとめ

オートメーション時代へのシフトとは、センサーとしてのIoT端末、多種多量なデータ、AIによるリアルタイムで最適な実行を提供する高度自動化社会への移行。

それらは、サービス品質の向上、AIの成長すらもオートメーションである。
データの量、質、広さといった、データの繋がりが新たな経済圏を形成する。

3章

変化する購買行動

デジタル購買の不満を、リアル体験が解決する時代へ

2章では、現在進行している時代の大きな変化について触れてきました。顧客層の変化、シェアリング・エコノミーの拡大、オートメーション時代の到来等、それぞれの変化のスピードは異なりますが、これらは今確実に起きている巨大な変化です。これは、一時的なトレンドではなく、時代のシフトです。馬が自動車に取って代わられたように、時代の変わり目において従来型企業がその流れに抵抗することはできません。従来型企業は、社会を取り巻くこれらの環境変化を認識し、自社の事業自体のあり方を改めて見つめ直し数年かけてでも対応していかなくてはなりません。一方で、今目の前で急速に起きている変化もあります。それは、顧客の購買行動の変化です。顧客の購買行動は急速なデジタル化が進み、企業側もデジタルを駆使した新しい購買行動のデザインを次々と生み出しています。購買行動のデジタル化とは、eコマースをつくり、口コミを期待するという話だけではありません。スマートフォンをはじめとした顧客が保有するデジタルツールが購買の起点となっている今、デジタルとリアルをどう繋ぐかという話を超えて、**デジタルだけで購買が完結する体験の中に、いかにリアルな商品体験を入れて購買体験の満足度を上げていくべきかという段階にきています。**最初からデジタル販売を軸とした企業は、購買体験の満足度を上げるための様々な施策に取り組めば良いので、視点の変換は必要ありません。そ

れら施策への投資も社内の体制の整備も最も効率的なやり方で実現できます。しかし、デジタル販売が始まる前から多店舗展開していた従来型企業が、購買体験のデジタル化に取り組んでいくためには沢山のハードルがあります。10年以上前から店舗数を維持している大半の企業にとって、店舗の売り上げが年々減少していることは、特定の業態に限った話ではありません。デジタル購買に対抗するためにいかに顧客を店舗に引き込むか、という議論を続けている企業も未だにあるかもしれません。しかし、企業の売り上げと、店舗の来店客数は既に正比例の関係ではなくなりました。企業は様々なチャネルを駆使して、売り上げを確保していかなければなりません。今、**デジタル購買が始まる前から存在している従来型企業の顧客を、同業種の顔をしたデジタル企業が飲み込み始めています。**コンビニエンスストアやスーパーマーケットの顧客を、流通企業の顔をしたデジタル企業が、本屋の顧客を、本屋の顔をしたデジタル企業が、アパレル企業の顧客を、アパレル企業の顔をしたデジタル企業が次々と飲み込んでいます。従来型企業は店舗の数や規模を縮小していくか、自身がデジタル企業へと変貌することで生き残るかの判断を迫られています。段階的にデジタル武装していくやり方もあります。デジタルを軸とした新たな事業を立ち上げて市場での検証を重ね、既存事業をデジタル事業に統合していくやり方もあります。いずれにしろ、今何が起きているのかを把握し、自社のデジタル化をいかに推進していくかという行動を起こさなければなりません。では今、購買体験の領域で何が起きているのか、その変化の流れを確認しながら、デジタル企業が描くビジョンまで含めて触れていきたいと思います。

シングル、マルチ、クロス、そしてオムニへ

顧客の購買体験をいかにデザインするかという課題において、企業のマーケティングはオムニチャネルへシフトする時代となりました。**オムニチャネルとは、オムニ＝すべての、という言葉が示すように、企業のすべてのチャネルを使って顧客に対してアプローチをしていくことです。チャネルとは、企業と顧客の接点を指します。**故に、店舗やｅコマースという販売の機能を持つチャネルだけではなく、企業が持つブランドサイトやカタログ、SNS等あらゆる形態が含まれます。こういったチャネルを認知、検討、購買、利用、共有等の全体のカスタマージャーニーの中でいかにストーリーをつくり配置していくか、という考え方が重要なのです。3章では、複雑に進化している顧客の購買体験を分解していくので、全体のカスタマージャーニーの中から、検討と購買に的を絞ったチャネルを考えます。具体的には顧客は何らかのチャネルを介して商品を知ったことを前提とし、購買の検討に入り、何らかのチャネルを使って商品を確認し、何らかのチャネルで決済をし、何らかのチャネルで商品を受け取る、という一連の流れを見ていきたいと思います。

では、そもそもオムニ＝すべての、となる前に、チャネルがどのような進化を続けてきたか見ていき

ましょう。チャネルの進化は、シングルチャネル、マルチチャネル、クロスチャネル、オムニチャネルの順番で進化してきました。このようなチャネル進化理論が現れた背景には、eコマースをはじめとするデジタル技術の進化により購買体験が多様化したこと、それらを整理する必要があったことが挙げられます。故にチャネル進化の各形態は、デジタルの活用方法の変化と捉えておくと、各形態の違いを理解しやすくなります。

まずシングルチャネルを見ていきます。**シングルチャネルとは、売り手が顧客との接点を一つしか持っていない状態のことです。**その場合、一つの販売チャネルで検討から購買までの購買体験を完結しています。もし売り手が店舗でモノを売っている場合、店舗が販売チャネルとなります。顧客は、商品を購入しようと思った時に、店舗に行き、そこで商品を買って帰ります。今でも商店街等で営みを続ける個人商店のほとんどはシングルチャネルです。その場合、企業規模も小さいことが予想できます。

販売チャネルが一つという見方をすると、eコマースのみで商品を売っている企業も同様にシングルチャネルと言えそうですが、一般的にはeコマース単体で商品を販売している企業をシングルチャネルと位置付けることはありません。それは、カスタマージャーニー全体に視点を広げてみた場合、eコマースの運営者はブランドサイトを併設していたり、サイトへの集客のためにウェブ上で様々な施策を行ったりしていることが一般的なので、その場合複数のチャネルを運営していることになるからです。

一方で昔から商店街で小さな店舗を経営しているようなお店では、eコマースやブランドサイトを持っていないことも多く、その場合店前を通行する顧客に対して、店頭で商品情報を訴求して、顧客はその場で購買に至ります。故にシングルチャネルとは、まだeコマースやネットが普及する以前のリアル店舗単体で商売をしていた時代の販売形態と捉えておくと区別が明快です。もちろん、未だにこの形態のみで運営を続けている企業やお店はあります。

続いて、マルチチャネルについて見ていきたと思います。**マルチチャネルとは、リアル店舗しか存在していなかったシングルチャネルの時代から進み、店舗とeコマースで商品を販売している形態を指します。**一般的には、店舗でのみ商売をしていた企業がeコマースを開設した状態と捉えておけばいいと思います。もちろんカタログ通販やテレビショッピング等のチャネルも含まれるので、店舗で商売をしていた企業がeコマースを開設せずにカタログ通販を始めた場合でも、マルチチャネルと言えるかもしれません。しかしこのチャネル進化理論自体がデジタルによる購買体験の変化を前提としているので、店舗販売に加えてeコマースでも販売が始まった状態をマルチチャネルということを軸に理解をしておく方が区別は明快です。企業がマルチチャネル戦略をとった際の特徴は、店舗の顧客とeコマースの顧客が異なるという点です。例えば今までは店舗でしか商品を販売していなかった企業は、eコマースを開設することで店舗に来られない遠方の顧客に対しても商品を売ることができるようになります。もちろん店舗に来られる近隣の顧客がｅコマースを利用する可能性もありますが、企業側はそういったケースを目的としておらず、日本中、世界中をマーケットにすることができるという目的からｅコマースを開設します。つまり企業側からすると、シングルチャネルとマルチチャネルは商売の規模が大きく異なると言えます。一方で、顧客側の行動でみた場合のマルチチャネルの購買体験は、今まで店舗で買っていた人は今まで通り店舗で買うという点では違いはありません。今まで店舗に来て買うことができなかった人はｅコマースを通じてその企業の商品を買うことができるようになります。つまり、リアル店舗とデジタルを行ったり来たりする今の購買体験のように、購買体験自体が立体的になった訳ではなく、単純に商品を買える人の数、分母が広がったという状態です。また、店舗で買う人とｅコマースで買う人が違うということは、店舗で得た顧客情報と、ｅコマースから得た顧客情報に重複する情報はないことが前提となり、別々に管理することができます。つまり、企業側の組織体制も、店舗の組織とｅコマースの組織が一体運営される必要はなく、従来の組織の中にｅコマースの組織を新たに加えることで成立します。

続いてクロスチャネルについて見ていきたいと思います。マルチチャネルとクロスチャネルでは、チャネルの数自体が変わるという考え方ではありません。故に企業側からすると、マルチチャネルとクロスチャネルで顧客の総数、つまり分母が大きく変わるという訳ではありません。では何が違うのでしょうか。マルチチャネルとクロスチャネルでは、顧客側の購買体験が異なります。マルチチャネルでは、店舗に通っていた顧客は店舗で買いますし、eコマースで買っていた顧客はeコマースで買うので、一人の顧客が店舗で買ったりeコマースで買ったりと、チャネルを使い分けてはいませんでした。一方で**クロスチャネルでは、一人の顧客が両チャネルを使い分けます。**例えば普段は来店して買い物をする顧客が、来店する時間がなくてeコマースで購入したり、配送で受け取った方が楽な商品をeコマースで購入したりする場合等に、店舗とeコマースを使い分けるかもしれません。こういった購買体験は、企業側がクロスチャネルを意図してチャネルの開発を行ったというよりは、顧客側が自分の都合に合わせて店舗とeコマースを使い分けるようになったことから発生したと言えます。つまり、企業がマルチチャネル化した結果、顧客がクロスチャネルを発生させたことによる変化と言えます。企業側からすると、いつもは店舗で購入している顧客が今日はeコマースで購入していたとしても顧客行動を把握できていないので、いつマルチチャネルがクロスチャネル化したかも明確には把握できません。故に、顧客情報の扱い方もマルチチャネル時代と変わることはなく、店舗の顧客は店舗の顧客、eコマースの顧客はeコマースの顧客として管理されたままであり、店舗の組織とeコマースの組織は別々の組織のままです。このように企業側は特に変化することなく、顧客の行動によりマルチチャネルがクロスチャネルに変化していっただけのはずが、クロスチャネルが普及するにつれて、企業側にある変化が訪れます。それは、徐々に店舗の売り上げが落ち、ｅコマースの売り上げが増えていくという現象です。シングルチャネルからマルチチャネルに変化していった時、マルチチャネル化した企業の売り上げは、導入したｅコマースの売上分がほぼ純増でした。これは単純に、今まで店舗に来られなかった顧客を取り込むことができるようになったからです。しかしマルチチャネルが定着し、売り上げが一定となった後、クロスチャネルの到来により、企業全体の売り上げは変わらないのに、店舗の売り上げが減りｅコマースの売り上げが上がるという現象が訪れます。この変化は、店舗の顧客がｅコマースを利用するようになったことで起こる変化ですが、その変化を把握できていない企業の場合、このように考えます。調子の良いｅコマースをもっと伸ばそう、調子の悪い店舗をテコ入れしよう。つまり、チャネル毎に対策を打とうとします。それにより社内組織のヒエラルキーも変わってきます。それぞれのチャネルを担当する各組織は競争意識が激しくなり、対立構造を生む場合もあります。対立した組織同士が顧客情報を共有し、互いのシナジーを生む方向に動くことはありません。このような企業に対して、顧客もフラストレーションを感じます。例えばｅコマースでの個人情報や購入履歴が店舗において共有されていないので、顧客は同じ企業で購入しているにもかかわらず買い物の効率が悪く、サービスの質が低いと感じます。こうして見ると、企業はｅコマースをつくるマルチチャネル化を進めることで売り上げが拡大していった一方で、社内体制に起因するサービス効率の課題と、顧客の購買体験における不満という課題を抱えます。しかし、これら二つの問題は原因が明確なので、対処も可能です。どうやらクロスチャネル化から改善すべき点を改善した先こそ、オムニチャネルへと向かうという予測が見えてきました。

最後に、オムニチャネルについて見ていきたいと思います。オムニチャネルは上記のように、企業内の運営体制等の仕組みの統一と、複雑化する顧客の購買行動の変化に対応していきます。まず、企業内の仕組みの統一を見ていきましょう。オムニチャネル化における企業内の変化は、これまでのどのチャネル変化とも大きく違います。シングルチャネルからマルチチャネル、クロスチャネルへと進化する過程では、従来の組織に新たにｅコマースの組織を新設するだけで対応ができます。新設されたｅコマースの組織と従来からある店舗の組織はそれぞれが独立して動いているため、互いの組織が互いのデータにアクセスすることは簡単ではありません。しかし、**オムニチャネルにおいてはデータが統合され一体運営されます。一体型のデータをｅコマースの組織と店舗の組織が共同で使うことで、商品の受発注管理や売り上げ管理が一元化します。**例えばｅコマースと店舗のデータが別々に管理されている場合、在庫管理がリアルタイムに行えないので、ｅコマースでは在庫切れと表示された商品が、店舗では在庫がある場合がありますし、逆もまた然りです。これらが一体で運営されると、例えば店舗Ａで商品在庫がなかった場合、店舗Ａのスタッフが在庫データにアクセスすると、倉庫に在庫があるかもしれません。さらに、倉庫に在庫がなくても店舗Ｂに在庫があるかもしれません。そうなると、顧客が希望する商品を、倉庫からでも、店舗Bからでも顧客に発送できますし、顧客はその商品を自宅でも、店舗Aでも店舗Bでも受け取ることができます。また一方で、同じ商品を別の顧客がeコマースで検討していたとします。しかしこの商品は、店舗Bで別の顧客が購入したことにより、その記録がデータセンターに送られ、eコマース上の在庫表示を変えることができます。このように、全店舗とeコマースが一体でデータを運営することで、リアルタイムに在庫の管理を行うことができます。また、データを一体運営するためには、社内の組織体制や、評価指標も変更する必要があります。各店舗、eコマースを別の組織で運営していたり、売り上げに応じた過度なインセンティブ等の評価指標を組んでいると、社員が顧客の囲い込みを行うため、一体型の運営が実現しません。故に、**店舗組織とeコマース組織の統合、競争性の高い評価指標から平等性の高い評価指標へと変えていく必要があります。**このような体制、評価指標を導入することで、顧客に提供する購買体験の自由度が上がります。例えば、顧客が店舗で商品を確認して、その場でスマートフォンからeコマースにアクセスして商品を購入する場合があるとします。仕組みとしてはクロスチャネル時代から可能だったとしても店舗のスタッフはそのような行動を顧客に推奨しませんし、顧客も店舗スタッフの目の前でeコマースを利用して商品を購入することを後ろめたく感じます。しかし、一体運営によって店舗のスタッフは店頭でのスマートフォンによる購入を顧客に推奨できますし、別店舗の在庫を確認したら別店舗への送客も行うことができます。

自分や自分の店舗の利益を優先することよりも、目の前の顧客を自社の顧客にすることに意識がいったスタッフにとって、従来の接客手法やモチベーションに変化が起きます。また、店頭でスマートフォンによるｅコマースでの購買を推奨していくことで、なるべく多くの顧客をｅコマースに送客できると店頭で在庫を持つ必要がなくなり、店頭在庫の物量を減らすことができるので、店舗面積の効率化や倉庫から店舗への物流の効率化にも繋がります。例えばスマートフォンによるｅコマースでの購入を推進していくために、商品のプライスタグにｅコマースにとばすためのＱＲコードを掲載し、ｅコマースでの購買を推奨する文章を掲載するとします。そのような店舗では、顧客も店舗で買わなくてはいけないというプレッシャーから解放されより入りやすい店舗になります。また購買に対するプレッシャーの解放から、店舗スタッフにも話しかけやすくなります。つまりオムニチャネル化に向けて様々なデータを一体運営し、社員の評価指標を変えていくことで、各機能の連携を効率的にするだけではなく、顧客にとっても入りやすい店づくりが実現できるということが見えてきました。また、顧客側の立場からすると、店舗とｅコマースが一体で運営されることで購買体験の質の向上にも繋がります。一体型のシステムによって顧客情報が店舗とｅコマースで統一されることで、ｅコマースで商品を買った顧客が店舗で買い物をした時に、店舗側も顧客の情報を把握すれば、購買履歴や嗜好を活かした接客を行うことができます。同様に店舗で買い物をした顧客がｅコマースで同じ商品を再度購入しようとした場合、ｅコマース上に店舗での購買履歴が残っているので、ストレスなく同じ商品を見つけることができます。このように、店舗とｅコマースのシステムが一体運営され、顧客情報が一元管理されることで、顧客はどのチャネルにおいても自分が顧客として認識されていることに喜びを感じ、ブランドへの愛着が育っていきます。オムニチャネルへの変化は、企業側、顧客側双方にとって、従来とは大きく異なるのです。企業側は一体型のシステム、組織体制を導入し、それらをスムーズに運用するために評価指標も変えなくてはなりません。これは、ｅコマースを立ち上げるだけで済んだマルチチャネルへの変化とは大きく異なります。また顧客は、すべてのチャネルにおいて顧客と見なされ、スマートフォンを利用して、店舗とｅコマースを意識しないシームレスな購買体験を手に入れます。既にオムニチャネル化している企業は、顧客の購買体験を、いかにシームレスにしていくか、いかに独自な体験をデザインしていくか、というフェーズに入っています。それらの取り組みの最前線はデジタル企業を中心に展開されており、非常にユニークな事例が多く見られます。デジタル企業からすると新たな顧客を獲得するために、新しいサービスや未来を感じさせるサービスを断続的にリリースすることで、自社のPR効果も見込めます。そのような事例は、サービス開始時は完成度が低く見え、採算に対して疑問を感じるケースもありますが、80％の完成度でもまずはリリースし、トライ＆エラーを繰り返して断続的に修正を続けて精度を高めていくというやり方は今の時代に合っています。そう捉えると実は**オムニチャネルと**

はハードやデータを連携したチャネルの構造に過ぎず、大切なことはそのハードやデータを利用してどのような顧客の購買体験をデザインしていくかということであり、そこでの体験の独自性と先進性が企業のサービスを差別化していく要因となります。オムニチャネル化しただけでは、マイナスをゼロにした状態に過ぎず、プラスの状態を生み出すには次のステップへ、独自の購買体験デザインというクリエイティビティを発揮しなければなりません。

実店舗とｅコマース企業のショールームは何が違うのか

ここからは、オムニチャネル時代の購買体験のデザインについて考えていきたいと思います。オムニチャネル時代においてデジタル化が遅れている企業は、店舗を中心に事業を行い、かつ近年ようやく店舗とｅコマースのデータを連携した状態にあります。一方で最もデジタル化が進んでいる企業は、その業界の会社の顔つきをしたデジタル企業です。アパレル会社の顔つきをしたデジタル企業、小売店の顔つきをしたデジタル企業、飲食店の顔をしたデジタル企業等です。デジタル企業はｅコマースでの商品やサービスの販売から始まっていますが、そこでもまた独自な購買体験を提供することで他者との差別化を図ろうとする動きがあり、サービスのリアル体験化が進んでいます。ここで言うリアル体験化とは、顧客の購買体験の一連の流れの中で、いかに商品に対するリアリティを感じてもらうかという課題であり、その対策として店舗で商品を実際に体験してもらうという場合もあれば、別の手法の場合もあります。つまり、**リアル店舗を中心に事業を展開してきた企業はデジタル化が進み、eコマースを中心に事業を展開してきた企業はリアル化が進んでいます。**リアルとデジタルの逆方向からの互いの進行はいずれ混ざり合い、販売チャネル形態としては同じ構造を持つ企業となっていく可能性があります。その場合でも、リアル店舗出身の企業は店舗での接客等アナログな要素を強みとし、デジタル出身の企業は人の能力に頼らない体験の先進性や、少ない固定費による可変性の高さを売りにし、お互いの差別化を図っていくことが予測できます。

ここで、リアル店舗を軸とする企業と、eコマースを軸とする企業双方にとって、リアル体験の場（店舗やショールーム）を持つことに対する価値観の違いを見ていきたいと思います。リアル店舗を軸とする企業にとって、店舗はこれまで商品をお客様に販売するための最も強力なチャネルでした。店舗での売り上げを伸ばすには、「来店者数」と「成約率」をいかに増やすかが鍵となります。この二つの数字から何人が購買に至ったか「店舗購買者数」が決まり、それに客単価を掛ければ店舗の売り上げが決まります。客単価を上げていくためには商品やサービスの改革が必要なので、今ある商品で売り上げを伸ばすには、いかに「来店者数」を増やすか、またはいかに「成約率」を上げるかということが主に議論されます。

来店者数を上げるためには、ターゲットが多く通行する場所に出店していくことが基本になります。

日用品を売るお店であれば、駅を中心とした商圏を設定し、ターゲットの日常動線に入り込もうとします。また、アパレルやライフスタイル企業であれば、ターゲットが集まる都心のショッピングエリアに出店していきます。出店のエリアが決まると次に、来街者が入りやすい店舗のあり方を考えます。もちろん、ターゲットが多く歩く道路に面して大きな間口を取れる物件（路面店）を確保できるに越したことはありません。しかし路面店は同じ建物でも2階以上にある物件と比較して格段に賃料が高くなります。企業は、路面店出店によるコスト増に対して、来店客数の増、屋外広告効果の増等の要素とのトレードオフを慎重に判断しなければなりません。

続いて成約率です。ここは主に店舗内で来店者にどのようにアプローチするかが大切になってきます。eコマースを軸とする企業であれば、無人店舗にして入りやすく、セルフでも購買体験ができる店づくりを目指すかもしれませんが、リアル店舗を軸とする企業にとって成約率の向上とは、スタッフの販売スキルの向上という考え方になります。販売スキルが高いスタッフは当然人件費も高くなります。つまり**リアル店舗を軸とする企業にとって、売り上げを伸ばすためには、人が集まり入りやすい場所への出店と、スキルの高いスタッフの確保という、コスト高の方向へ向かうことが分かります。**

一方でeコマースを軸とする企業にとっての店舗は、このようにハイスペックになっていくことはありません。eコマースを軸とする企業にとっての来店者数とは、eコマースへの訪問者数となり、サイト内での購買体験がリアル店舗での購買体験と同等であれば、わざわざリアルな体験の場に進出していく必要はありません。しかしｅコマースにおいて商品の実物を確認することは不可能で、購買体験の一連の流れにおいて実物の確認が重要な業界ほど、リアル体験をいかに提供するかという課題を抱え、その対応の一つとして店舗やショールームを持つという流れが起きています。しかしｅコマースを軸とする企業にとってリアル店舗とは、少しでも多くの潜在顧客が集まる場所に出店して、スキルが高い販売スタッフにより成約率を上げていくということではなく、ｅコマースで商品を検討している顧客に、「商品をリアルに体験できる機会を提供する機能」という位置付けになります。もともと**ｅコマースで購入しようと考えている人に対して、高いホスピタリティのスタッフを配置していく必要はありません。極論すると顧客は商品を実際に確認したいだけなので無人店舗でも十分に機能は果たせます。**また、顧客はｅコマースで商品を絞り込み、実物を確認するために店舗に向かうということは、目的を持って店舗に来ていることになります。つまり、目的を持って来店する顧客に向けた出店は、人通りの多い路面店である必要はなく、メインストリートから外れた道にある建物の2階でも成立します。このように、リアル店舗を軸とする企業とｅコマースを軸とする企業では、一方がメインストリートに面した路面店とスキルの高いスタッフを求め、一方がメインストリートから外れた道にある建物の2階と無人店舗でのオペレーションでも事足りるという全く異なるアプローチになり、コストも大きく異なることが分かります。これらは単に場所や人が違うという話ではなく、同一チャネルにもかかわらず購買体験フローにおける役割が異なるということです。故に、**オムニチャネルにおける各社のチャネル戦略を分析する時に、チャネルが何かではなく、どのような購買体験をデザインしているか、というデザイン文脈を分析しなければ本質は見えてきません。**

そして今、商品のリアル体験に極力コストをかけずにｅコマースでいかに商品を売っていくかを考えている企業が、リアル店舗を軸とする企業の売り上げを奪っているという事実があります。故に**リアル店舗を軸とする企業は、オムニチャネル化というスペックへの対応だけではなく、ｅコマースを軸とする企業には真似できない顧客に選ばれるための購買体験をどのようにデザインし、その体験を実現するためにチャネルをどのように繋げていくかというクリエイティブな発想で事業をリデザインしなければなりません。**

オムニチャネルに対応している企業がデザインしている様々な購買体験は一般的にはＯ２Ｏ（offline to online、または逆でも成立するＯ２Ｏ［online to offline］）と呼ばれていますが、実際は一つの購買体験において顧客はonlineとofflineを双方向で行ったり来たりしており、複雑化しています。故に本書ではオムニチャネル時代に新しい購買体験のフローを導入している企業の例を挙げ、それらの型を分析していきたいと思います。購買体験のフローは、リアル店舗を軸としている企業のデジタル進化を段階的に追いながら、eコマースを軸としているデジタル企業のリアルへの進出を両サイドから見ていきたいと思います。段階は分かりやすいように4段階に設定しました。

段階1：オムニチャネル化

リアル店舗を軸としている企業が、オムニチャネルを導入することで、事業がどのように変化しているかという例。

段階2：リアル購買のデジタル化

リアル店舗を軸としている企業がオムニチャネルを導入し、購買体験にデジタルツールを使うことによって、購買体験の質の向上と効率化を実現している例。

段階3：デジタル購買のリアル体験

eコマースを軸としている企業が、デジタルでは提供できない商品のリアル体験をどのように提供し、デジタルで購買を完結させているかという例。

段階4：統合型

オムニチャネルにより、リアル店舗、eコマース両方を使い分けるのではなく、総合的なサービスとして提供している例。

段階1：オムニチャネル化

前述のように、リアル店舗を軸としてきた企業がオムニチャネルへと変わっていくためには、デジタル、組織、人事制度等の大きな改革や投資を伴います。国内で今オムニチャネル化している企業は先進的かつ大企業が多く、必要性を感じながらまだまだ完璧な実装まではできていない企業も多くあります。企業の販売形態も様々で、自社で製品を開発し自社で売る製販一体型の企業から、製品を開発し販売は他社に委託している製販分離型の企業まであります。自動車等の大企業は、製造を行うメーカーとは異なる法人である自動車販売会社が販売を行い、かつ販売会社もエリア毎に異なる法人となっている等、在庫や顧客データを共有していくにも企業規模や業態によってハードルは全く異なります。ここでは、第三者が企業にオムニチャネル化のためのプラットフォームを提供している例と、リアル店舗を軸とした企業とｅコマースを軸とした企業の業務提携によってオムニチャネルを実現している例の二つを取り上げてみたいと思います。

ケーススタディ：Mitsui Shopping Park & mall

三井不動産株式会社、三井不動産商業マネジメント株式会社が運営する「Mitsui Shopping Park & mall」

（以下アンドモール）は、2017年11月からサービスを開始した、リアル店舗における買い物とネットショップにおける買い物の双方の良さを同時に享受できる新しいコンセプトの「ファッションECモール」です。アンドモールは、三井不動産が運営する商業施設（※1）に出店する企業を対象として、オムニチャネルプラットフォームサービスを提供しています。このプラットフォームを活用することで、企業はアンドモールでのネット販売、商業施設に出店する店舗での販売、店舗とeコマースの在庫情報の共有、在庫がある店舗情報の発信、売上情報の店舗毎の紐づけ等が可能になります。

（※1）：2018年11月時点で「三井ショッピングパーク ららぽーと各施設」、「三井ショッピングパーク ラゾーナ川崎プラザ」、「ダイバーシティ東京プラザ」等に展開

三井不動産では、アンドモールの特長は以下の2点としています（三井不動産　2017年11月　プレスリリースより）。

特長1：リアル店舗における欠品対策やECサイトからリアル店舗への送客支援

特長2：店舗スタッフのモチベーション向上等によるリアル店舗活性化支援

【特長1】リアル店舗における欠品対策やｅコマースからリアル店舗への送客支援
店頭で欠品してもタブレット端末で在庫を有する近隣店舗（三井不動産が有する商業施設内の店舗）や倉庫を確認して購入でき、売り上げの約10～20％にのぼる店頭の在庫切れによる販売ロスをなくします。またサイト上で「店頭在庫」をチェックすると、取扱店舗が表示され、実物を見て購入したい人や、希望の商品が店舗にあるか確認したい人に対し、店舗への送客の機会を創出します。

【特長2】店舗スタッフのモチベーション向上等によるリアル店舗活性化支援
店頭のタブレット接客から販売した売り上げを、ｅコマースではなく販売店舗の評価として集計します。店頭でのｅコマース販売を販売店舗単位で売り上げとして集計することで、スタッフの店頭でのｅコマース販売が積極的に行われ、店頭におけるオムニチャネル化を加速させ、リアル店舗とｅコマースとの協力体制を築くことができます。

三井不動産は自社で開発・運営する商業施設に出店している企業に対してオムニチャネルのプラットフォームを提供することで、出店企業側は販売の取りこぼしを避け、顧客は商品が買いやすくなり、商業施設はｅコマースを経由した集客やグループのポイント活性化に繋がる等、三者に対してメリットを提供できていることが分かります。このようなオムニチャネルプラットフォームを、リアル空間をつくる事業を生業としている三井不動産が取り組んでいる点もユニークです。

では、アンドモールでの代表的な購買体験フローを確認しておこうと思います。

①店舗に来て、商品を確認し、店舗で購入する。(offlineのみ)

②eコマースで商品を検索し、eコマースで購入する。(onlineのみ)

③eコマースで商品を検索し(online)、店舗で確認し(offline)、店舗で購入する(offline)。または、店頭スタッフのタブレットで購入する(online)、または、自宅に帰ってeコマースで購入する(online)。

③からも分かるように、オムニチャネルにおける購買体験は、onlineとofflineを行ったり来たりします。

故に、**オムニチャネルでの購買体験フローのデザインは、チャネルをどう繋げていくかという視点よりも、顧客がすぐに購入できる状態を常に維持しておく視点が必要です。**

ケーススタディ：楽天ビック

２０１７年12月19日、楽天株式会社と株式会社ビックカメラは、家電分野を中心により利便性の高い購買体験を提供することを目的とした新サービス「楽天ビック」を立ち上げると発表しました。そして楽天とビックカメラは、この新サービス提供に向けて新会社を設立し、２０１８年4月よりサービスの提供を開始しました。従来、「ビックカメラ楽天市場店」を「楽天市場」に出店していましたが、新会社は、「ビックカメラ楽天市場店」の基盤を引き継ぎながら「楽天ビック」として「楽天市場」に出店します。また、ビックカメラが運営する独自のｅコマース「ビックカメラ．ｃｏｍ」は引き続き運営されます。一見するとビックカメラの楽天での店舗名が楽天ビックになっただけに見えますが、この背景にある2社によるオムニチャネル化が、顧客にとってより便利な購買体験を実現します。

そもそもビックカメラ等の家電量販店は、様々なメーカーの商品を販売する製販分離のため、ビックカメラでしか買えない等のオリジナル商品が少なく、競合の家電量販店との価格競争に陥りやすいという環境にあります。家電量販店各社は、顧客の自社への来店動機をつくるために、

①商品量を揃えることでまとめて商品を比較できる環境を整える「大箱化」

②主要ターミナルから少しでも近い場所に出店する「好立地化」

③ポイントによる実質的な「値引き」

等を行ってきました。他社でも実行可能なコストがかかる差別化となるため、対外的な交渉力が強く母体が大きい企業が有利でした。しかし、インターネットの普及により量販店で販売している商品はｅコマースでより安く買えるという常識が普及し、大型の家電量販店は購買行動「ショールーミング」に悩まされることになります。顧客のショールーミングを引き起こすインサイトは、店舗で実物を確認

した上で次の2点が挙げられます。

①ネットでもっと安く買いたい。

②ネットで商品の口コミを確認してから買いたい。

故に量販店はショールーミング客が再度ウェブ上でアクセスしてくれるｅコマースを持つことになります。しかし、顧客が価格や口コミを確認しながら買い物をするのに適したサイトは、様々な企業が出店する楽天市場等の仮想ショッピングモールとなるため、通常はこういったモールに顧客は流れ、場合によってはそこからさらに価格の安い他社へと流れていってしまいます。この顧客の動きを防ぐためには、ポイント等も含めて安く売るという方向と、付帯サービスの利便性を高めることで価格とのトレードオフを生み、顧客に選んでもらうという二つの方向があります。今回楽天とビックカメラが提携することで新たに生まれるサービスはこの後者の方向を目指しており、その軸にオムニチャネル化がありま す。では楽天とビックカメラは、オムニチャネル化によりどのようなサービスの付加価値化を狙っているのでしょうか。大きくは、「購買から商品を受け取るまでの一連の体験フローにおける顧客のストレスの軽減」「楽天とビックカメラの連携による新たな経済圏の創出」と言えます。それぞれ見ていきましょう。

購買から商品を受け取るまでの一連の体験フローにおけるストレスの軽減

・サイト制作のノウハウの提供

新たなサービスの窓口となるｅコマース「楽天ビック」では、楽天がこれまで培ってきたサイト制作のノウハウを活かし、従来の「ビックカメラ楽天市場店」のユーザビリティよりも格段に向上しました。つまり、顧客が購買時に商品を探し、検討する際にサイトを利用する上でのストレスが軽減されるということです。

・在庫情報の共有化

「楽天ビック」では、顧客が商品を検討している段階で商品の実物を確認したい時に、どの店舗に行けば商品が確認できるかを表示します。現在ビックカメラが独自で運営するｅコマース「ビックカメラ．ｃｏｍ」でも同様に近隣店舗における商品在庫の確認ができ、在庫表示の横に店舗での商品展示があるかどうかも確認できます。つまり、ウェブで検索し、店舗で商品を確認し、店舗またはｅコマースで購入するという体験フローに対応しています。これも同様に、顧客が商品を探し、検討する際のどこかで商品を実際に確認してみたいという欲求をダイレクトに行動に移せる動線を整備していると言え、購買におけるストレスを軽減しています。

・付帯サービスの購買一元化

大型の家電製品を購入する時に、配送業者が家の中の指定の場所に商品を設置してくれるかどうかは、購入するeコマースを決定する上での決定要素になり得ます。従来の「ビックカメラ楽天市場店」では、設置を依頼するための「セッティング券」を別途購入する必要がありましたが、「楽天ビック」では「ビックカメラ.com」同様に商品の購入と設置申し込みが一括してできるようになりました。これも同様に、商品を購入してから受け取り使用開始する前までの購買体験フローにおける顧客のストレスを軽減するサービスと言えます。

・物流面での協業

楽天は仮想空間におけるショッピングモールのため、物流拠点は出店する各社に依存しています。「楽天ビック」では、ビックカメラの物流拠点を利用し、当日配送サービスも実現していきます。また、「楽天ビック」で購入した商品を、ビックカメラの店舗で受け取るサービスも開始します。店舗が近く家で受け取るよりも便利な人や、事情があって家に商品を配送できない人にとって便利なサービスとなっていきます。このように商品を受け取るまでの効率の向上や、受け取りの選択肢が多様化することで、商品を受け取るまでの購買体験フローにおける顧客のストレスを軽減しています。

総じて言えることは、これらは、商品を検討する段階から受け取る段階までの一連の購買体験の流れの多様化に対応し、効率化することで顧客に選ばれるブランドになるための施策です。**顧客は様々な企業が提供する次々とシームレス化していく購買体験に日々慣れており、購買体験がスムーズに進まないサービスやブランドに対してストレスを感じます。顧客は一度スムーズな体験をすると、スムーズではない体験に戻ることが難しくなります。**オムニチャネル化は、企業側からすると情報の一元管理により、経営の効率化を目指す取り組みと言えますが、顧客からするとスムーズに買い物をするために実装されているべき当たり前のサービスです。未だオムニチャネル化を済ませていない企業は、顧客に対してストレスを与えている可能性があることを認識しておくべきかもしれません。

連携による新たな経済圏の創出

・ポイントによる顧客の囲い込み

「楽天ビック」サービス開始に伴い楽天とビックカメラはポイントの面でも連携を行います。具体的には、ビックカメラの店舗で、楽天スーパーポイントを貯めることや使うことができるようになります。これによりビックカメラの店舗は、楽天スーパーポイントを貯めるため、またはポイントを利用するためにビックカメラの店舗をショールームとして利用していた顧客をその場で購買まで完結できるようになります。また、楽天からすると顧客が楽天スーパーポイントを貯めるための大きなチャネルが一つ増えたことになり、より顧客の囲い込みへと繋げることができます。

・楽天にとってのオムニチャネル

ビックカメラからすると「楽天ビック」は、これまでとチャネル数は変わりません。しかし既存チャネルのユーザビリティが向上することで、顧客のスムーズな購買体験を実現し、ストレスを与えないサービスをつくることができます。一方で楽天からすると、ビックカメラと連携することにより、リアル店舗という販売チャネルと、物流拠点が増えたことになります。これにより、購買プロセスにおけるデジタル企業の弱点とも言える商品のリアルな体験の提供を手に入れることができ、家電領域においてAmazonからシェアを奪うことができるかもしれません。

・顧客属性の補完関係

楽天とビックカメラの連携は、既存顧客の属性を互いに補完していく上でも非常に良い関係です。楽天市場の利用者の男女比率は男性50％、女性50％で、中でも30代の女性の利用が多くなっています。

一方でビックカメラの利用者の男女比率は、店頭とeコマース「ビックカメラ.com」共に、男性70%、女性30%で、女性の利用客が少なくなっています(流通ニュース2017年12月19日より)。つまり、ビックカメラは楽天市場との連携を強化することで、女性の利用客の拡大を目指すことができます。

・独自商品による来店動機の創出

「楽天ビック」では今後、独自の商品開発を行い、「楽天ビック」と「ビックカメラ店舗」での取り扱いを開始します。前述の通り家電量販店は製販分離によりコストや利便性以外の差別化が難しい業態ですが、独自製品を販売することによって、競合家電量販店に対して独自性を打ち出すことができ、顧客の来店動機をつくることができます。

このように、楽天とビックカメラの連携によるメリットは、オムニチャネル化だけに留まらない複合的な要素があることが見えてきます。ビックカメラにとっては、自社チャネルでは獲得できないターゲットを獲得でき、楽天のノウハウによるユーザビリティの高いデジタルサービスを提供でき、楽天からするとリアル店舗という新たなチャネルを得ることができます。通常はオムニチャネル化により顧客に対してスムーズな購買体験を提供し、個人を認識したサービスで囲い込むことによって売り上げ拡大に繋げていきますが、楽天とビックカメラの連携はさらに、ポイントの連携や互いの既存顧客の属性の違い等から、単に経済圏を拡大する面でも効果的な連携と言えます。

段階2：リアル店舗のデジタル体験化

リアル店舗を軸とする企業のオムニチャネル化により、online と offline を行き来する購買体験に、ユニークな取り組みが続々と登場しています。これらの企業は、既にマルチチャネル化を済ませており、自社ｅコマースで商品の販売を行っています。そこからさらにオムニチャネル化することで、ｅコマースと店舗が連携した効率的な経営、購買体験を実現しています。さらに**現在はそういったオムニチャネル化からもう一歩進み、いかに自社独自の魅力的な購買体験をデザインするかという段階に進んでいます。**経営の視点で考えるとリアル店舗を軸とする企業でも、ｅコマースだけで効率的に販売できるに越したことはありません。一等地に店舗を構える必要もありませんし、接客力の優れた給料の高い店舗スタッフを雇用する必要もありません。しかしこうした企業はマルチチャネルが普及する前から一等地に沢山の店舗を保有していますし、接客力の優れた店舗スタッフを大量に雇用し、自社で育成しています。自社のシェアを奪っていくｅコマースを軸とする企業に対抗していくために、保有している店舗をすべて撤退するということはまずありません。故に、既存の店舗やスタッフが持つ価値を活かし、ｅコマース企業同様のデジタルでの便利な購買体験をデザインすることに力を入れています。ここで取り上げる事例は、リアル店舗を軸とする企業がいかにデジタルでの販売に取り組んでいるかを見ていきたいと思います。この時onlineは店舗への集客ツールというだけではなく、店舗でのリアルな購買体験をスムーズに誘うデジタルツールであるという点もポイントです。

ケーススタディ：DIFFERENCE

「DIFFERENCE」（ディファレンス）は、紳士服販売の株式会社コナカが展開するオーダースーツ事業です。2018年11月時点で全国に50店舗以上を展開しています。コナカは、紳士服のコナカをはじめマルチチャネルが普及する前から巨大な店舗ネットワークでファッションアイテムの接客販売を行ってきた代表的な企業の一つです。その中で「DIFFERENCE」は、eコマースを軸にした購買体験フローの中にリアル店舗での商品体験を入れ込んだ購買体験をデザインしています。「DIFFERENCE」は、良い立地への出店力と接客力の高いスタッフ等、リアル店舗を軸とする企業の資産を活かしながら、事業構造の実体としてはデジタルを軸とした販売を視野に入れた事業となっています。オーダースーツ事業は、その購買プロセスにおいて顧客の身体寸法を測るプロセスが必要なので、eコマース単体での購買体験の完結は難しく、リアル店舗を軸とする企業が未だ優位に戦える市場でもあります。

紳士服のコナカのオーダースーツ事業「DIFFERENCE」の店舗。全国に約50店舗を展開している。

スーツ業界はここ20年ほど、明快な価格設定と商品選びの分かりやすさからツープライスストアが主流でしたが、現在は低価格オーダースーツブランドが急速に増えており、縮小するスーツ市場においてオーダー事業は魅力的な市場です。こういった市場で、「DIFFERENCE」は、その名の通りどのような「違い」を武器に競合他社との差別化を図っているのでしょうか。ここからは「DIFFERENCE」の購買体験フローを見ていきたいと思います。

〈online〉

まず、「DIFFERENCE」がリアル体験を必要とするeコマース事業という視点で見ていきたいと思います。初めて「DIFFERENCE」で商品を購入する顧客は、予約しておくと待ち時間無くスムーズに対応してもらえます。「DIFFERENCE」はオーダースーツ事業なので、まずは店舗で体の寸法を測ることを前提としていますが、一度顧客の身体寸法を把握することで、2回目以降のオーダースーツの販売を全てeコマースでも完結できます。ウェブサイトから店舗を選ぶと、予約可能日時が一覧できるカレンダーが表示されるので、日時を選択します。あとは名前と連絡先を入力して予約を確定します。

〈offline〉

予約した日時に来店します。店舗はオーダーを楽しむための空間としてクオリティとデザイン性の高い空間になっていますが、あくまでもこの店舗での機能的な役割は顧客の身体寸法を入手することです。顧客はここで身体寸法をデータとして「DIFFERENCE」に渡すことで、次回以降わざわざ来店しなくても自分の体にジャストフィットしたスーツをeコマースで購入することができるようになります。一方で、高いデザイン性の店舗空間や接客の品質は、スーツをオーダーすることへの情緒的なブランド体験価値を高め、初めて来店する顧客を1

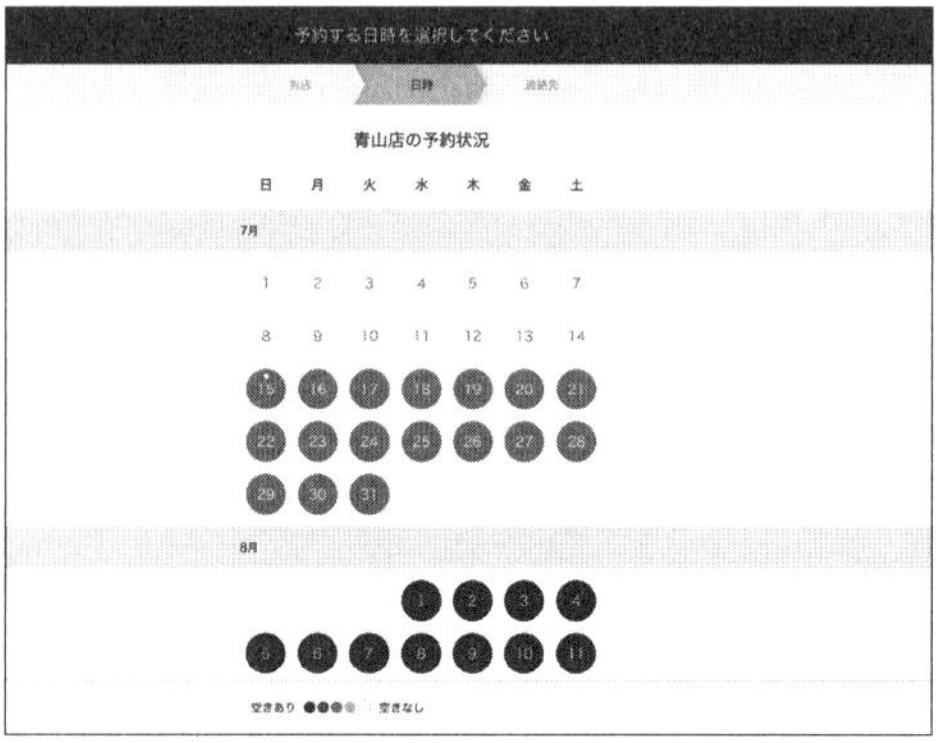

初回の購入時には来店予約をするとスムーズ。ウェブサイトのカレンダーから簡単に予約ができる。

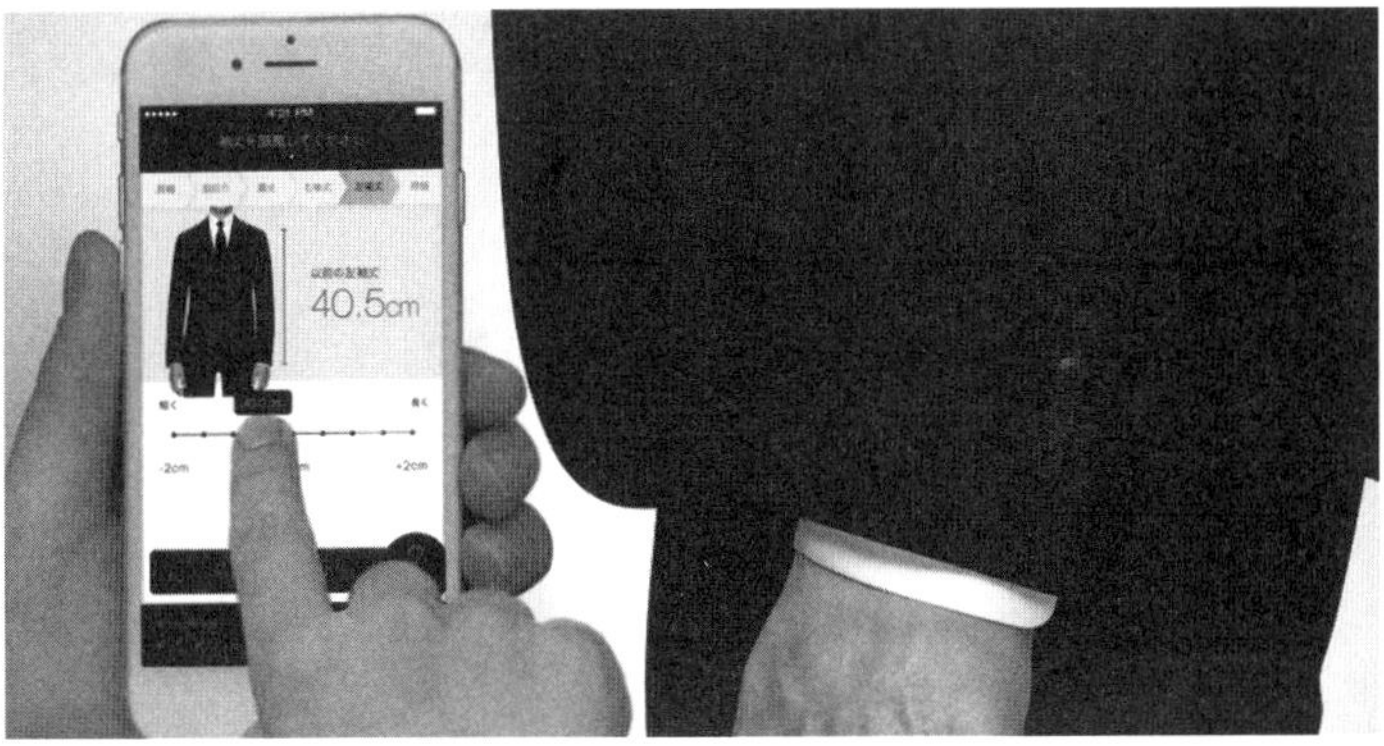

体の採寸、生地やボタンの色の指定等、接客はタブレットやスマートフォン等のスマートデバイスで行われる。

回の店舗体験でブランドのファンへと変えることができます。体の採寸を行った後は、店舗スタッフと一緒にスーツのディテールを詰めていきます。生地や襟、ボタンの色、裏地の色等を指定します。「DIFFERENCE」ではそういった接客をすべてタブレット端末で行い、オーダー内容が決まった後はそのデータが即座に国内の仕立て工場に送信され、約2週間で納品されます。商品の受け取りは店舗でも自宅配送でも選択できます。

〈online〉

このように、「DIFFERENCE」初回の購買体験は、〈online to offline〉になります。初回のスーツオーダー後に「DIFFERENCE」会員サイトでは、自分がオーダーしたスーツのオーダー内容や、担当したスタッフが誰か、オーダーしたスーツが今どこでどういう状況になっているのかが確認できます。しかし「DIFFERENCE」の狙いは、2

回目以降にスーツを購入する顧客が、ストレスなくすべてonlineでオーダーを完結できる仕組みをつくることです。そのための機能をｅコマースに持たせています。例えば、オーダースーツは1着オーダーしてもそれを実際に使用する中で、もう少し袖を短くすれば良かった等の欲求が出てくるものです。そういった細かい寸法の変更に対応するために、ｅコマース上では、初回にオーダーした寸法をベースに、アバターを用いて細かい寸法をビジュアルで確認しながらオーダーすることができます。また、ｅコマース内でオススメのスタイリングを提案される、オーダーするプロセスにおいて納期が確認できる等も、サイト内で購買を完結するスムーズな体験に繋がります。一方でオーダースーツ業態では、生地を確認したい、都度寸法を図ってオーダーしたい等〈offline購買〉を希望する顧客もいます。そのような顧客に質の高い体験を提供できる実店舗の出店、運営ノウハウを持っていることも、リアル店舗を軸とした企業がｅコマースを軸とした事業に進出する上での強みと言えます。

ケーススタディ：JapanTaxi

リアルを軸とした購買体験を、デジタルによりさらに便利にしていくという考え方は、物販の世界に限った話ではありません。サービス自体を商品とするサービス業界でも、同様の動きは広がっています。「JapanTaxi」（ジャパンタクシー）は、JapanTaxi株式会社が提供するタクシー配車用デジタルサービス（アプリケーション）です。「JapanTaxi」は、日本交通株式会社のグループ会社で、全国のタクシー会社をネットワークするＩＴ会社という位置付けになります。「JapanTaxi」は、もともと日本交通の配車アプリ「日本交通タクシー配車」としてリリースされていましたが、その後サービスエリアと提携するタクシー会社を広げ２０１１年に「全国タクシー（２０１８年9月12日より『JapanTaxi』へと名称変更）」がリリースされました。２０１８年11月現在では、提携するタクシー事業者は国内約８８０社、利用できるタクシーの台数は約6万台になります。ちなみにUberが設立されたのは２００９年、２０１４年に日本でのサービスを開始し、２０１５年にサービスを中止しました。「JapanTaxi」と「Uber」の大きな違いは、「JapanTaxi」は、既存のタクシー会社が保有するタクシーをデジタルでより便利に使うことができるという点で、「Uber」は利用者と自動車ドライバーの空き時間をマッチングさせるというシェアリング・エコノミー型のサービスであるという点です。ですから「JapanTaxi」はＢ２Ｃ、「Uber」はＰ２Ｐのサービスとなり、事業の根本的な構造が異なります。シェアリング・エコノミーの項でも触れましたが、シェアリング・エコノミーはＳＮＳ等による個人の信用スコアによってＰ２Ｐビジネスを成立させていますが、Ｂ２Ｃビジネスの場合は会社の信用で成立しているのでその点でも構造が異なると言えます。ではここから、「JapanTaxi」の購買体験フローを見ていきたいと思います。

〈online〉

スマートフォン上でアプリを立ち上げると、マップが表示され自分が今いる場所をGPSが検知し、マップ上に青い点が表示されます。その青い点の上に、ピンが刺さっており、「ここで乗る」と表記されています。マップ上では、周辺を走っているタクシーがアイコンで表示され、その動きはリアルタイムにアップデートされます。タクシーの動きはGPSで検知されているので、どの道をどの方向に進んでいるのかも確認できます。東京都内でアプリを開くと、開いた画面上に複数のタクシーが移動していることが確認できます。このような状態を物販で例えると、空車タクシーという在庫が、どこで何台走っているか（物販でいうとどこのお店に何個商品在庫があるか）をリアルタイムで把握できるサービスと同じことになります。つまり、online to offline の動線が設定されているということです。従来であればタクシーは、offline のみで完結する購買体験でした。タクシーを拾うために道路に出て、来るかどうかも分からないままタクシーを待ち続けるという購買体験は、お目当ての商品を求めて、どこに売っているか分からないまま店舗を移動し続ける購買体験と似ています。電話でタクシーの配車を依頼する行為は、店舗に電話で在庫状況を確認する行為と似ています。このようなアナログな購買体験が、オムニチャネル化により、eコマースでも購入でき、かつ店舗の在庫もeコマースで確認できるという便利な購買体験へと変わっていきました。アプリを立ち上げれば、数秒で自分がいる場所、周辺に走っているタクシーが一覧でき、そのままアプリ上で購買体験に進めます。「JapanTaxi」は、いわばタクシー（移動サービス）のｅコマースです。アプリを立ち上げた最初の設定は、「今すぐ呼ぶ」で設定されていますが、その他に「予約する」「料金検索」「空港定額」といった機能があります。「予約する」で設定した場合は、配車希望日時を入力する画面に進みます。そこでのユーザビリティも、スケジューラーを入力するような簡単な操作です。「料金検索」は、乗車位置と降車位置をそれぞれマップ上で選択するだけで、想定される移動時間、料金が表示されます。「今すぐ呼ぶ」画面では、画面上にマップが表示され、自分が今いる場所にＧＰＳによる青い点が表示され、そこに「ここで乗る」というピンが刺さっています。「ここで乗る」をプッシュすると、今度は「ここで降りる」をマップ上で設定します。以上の操作でマップ上では走行ルートが表示され、画面下にある「今すぐ呼ぶ」ボタンをプッシュすれば配車手配は完了します。また、２０１７年11月に、「全国タクシー（現JapanTaxi）」が人工知能「Amazon Alexa」に対応を開始しました。これにより、Amazonのスマートスピーカー「Amazon Echo」

アプリ上のマップには自分の現在地と乗車位置が表示される。目的地を定めたら、後はタクシーを待つだけだ。予約、確認、利用、決済まですべてスマートフォン上で完結する。

に話しかけるだけで配車手配が可能になりました。

〈サービス利用〉

タクシーを手配したら、「ここで乗る」ピンを立てた場所でタクシーの到着を待ちます。アプリ上では、タクシー到着までの予定時間が表示され、マップ上ではタクシーが今どこにいるか確認ができます。タクシーが到着したらタクシーの車両番号を確認し乗車します。行き先は既にマップ上で指定しているので、ドライバーに詳細を説明する必要はありません。目的地に到着したらドライバーに現金で料金を支払う必要はなく、事前にアプリ上に登録しておいた決済方法で決済されます。決済内容は降車後にメールで送られてきます。流れを簡単にまとめるとこのようになります。スマートフォンからアプリを立ち上げてタクシーを予約〈online〉→タクシーの到着をデジタルで確認〈online〉→タクシーを利用〈サービス利用〉→降車時の決済〈online〉。「JapanTaxi」のデジタル購買体験において、タクシーを利用するプロセスは、物販でいうと検索から購買、自宅配送まですべてをデジタル上で完結している状態に近く、ある意味すべてがスマートフォン上で完結しているデジタル購買体験と言えます。

このように、リアル店舗やリアルサービスを軸とした従来型企業が、デジタルへと進行することにより、より便利な購買体験を顧客に提供する例が次々と生まれています。**デジタルを軸とする企業に対して従来型企業が持てる優位性は、既に所有している店舗やタクシー等のインフラをデジタルサービスにおける資産へと一気にシフトできるという点、そしてシェアリング・エコノミーによるプラットフォーム・サービスに対して、長年培ってきた企業の信用力で、SNSによる信用担保を凌駕し、利用者にとってサービスの利用を始める心理的障壁を取り去ることができるという点にあります。**特に日本のような匿名性の高い社会では、SNSで積極的に繋がっていくサービスは団塊ジュニア以上の世代にはまだまだ抵抗があるため、企業側で信用力を担保できるB2C事業にも対抗できる余地はありそうです。

段階3：デジタル購買のリアル体験化

ここまで主にリアル店舗を軸とする企業のデジタル進出を見てきましたが、逆の動きもあります。それは、eコマースを軸とする企業のリアル領域への進出です。eコマースを軸とする企業は、競合するeコマース企業との差別化や、リアル店舗を軸とする企業からいかに顧客を奪うかという課題を抱えています。eコマースを軸とする企業にとって、自社のeコマースから顧客の離脱を防ぐためにeコマースの一連の購買フローの中で、いかに商品をリアルに、またはリアルに近い状態で体験してもらうかが重要になっています。eコマースを軸とする企業はこれまで「ショールーミング」により、リアル店舗を軸とする企業から顧客を奪ってきました。しかし、近年顧客は「ウェブルーミング」という購買行動もとるようになりました。**「ウェブルーミング」とは、顧客がウェブサイト上で商品情報や価格、口コミ等を確認し、そのままウェブサイトで購入するのではなく、リアル店舗に来店して実物を確認し、そのままリアル店舗で購買に至るという購買行動を指します。**「ショールーミング」は、リアル店舗で購入するよりもｅコマースで購入した方が価格が安いという理由から生まれた購買行動です。一方で「ウェブルーミング」は、企業のマルチチャネル化やオムニチャネル化の流れからｅコマースとリアル店舗の価格差が狭まった結果、顧客がリアル店舗で実物を確認した後にわざわざｅコマースから購入しなくても、リアル店舗でそのまま購入した方が今すぐ確実に購入できますし、付帯サービスや後々のアフターサービス含めて良いという判断をするようになったことから生まれてきた購買行動です。このように、ｅコマースを軸とする企業は、その購買体験フローの中に商品をリアルに確認するための手段を持っていなかったために、リアル店舗を軸とする企業から顧客を奪いきれなかったという面もあります。故に、ｅコマースを軸とする企業は、ｅコマースを軸とした購買フローの中にいかにリアルな体験を取り込み、顧客をそのままｅコマース上で購買の完結まで繋げていくか、という施策に取り組み始めました。それらは、ｅコマースを軸とする企業がリアル店舗を持つという動きを生んでおり、さらにはリアル店舗に行かずにいかに商品をリアル体験させるかという様々なトライアルも生んでいます。ｅ

コマースを軸とする企業からすると、いかに顧客を外出させずに、家にいるまま購買を完結させるかが、リアル店舗を軸とする企業に対する対抗策と言えます。では、ｅコマースを軸とする企業が、デジタル上の購買体験においていかに顧客にリアルな商品体験を提供するかをデザインした例を見ていきたいと思います。

タイプ①：ショールーミング特化店舗での商品体験を提供

ｅコマースを軸とする企業にとって、チャネルにリアル店舗がないということは、顧客に対してリアルに商品を体験・確認できる体験を提供できない、顧客との直接的な会話による信頼関係を構築することができないということになります。このような状況に対応していくには、自社で店舗等のリアル体験の場や機会を開設していくことになります。故に、ｅコマースを軸とする企業のリアル店舗進出は現在起きている流れではあります。しかし**ｅコマースを軸とする企業の顧客が必要としている体験は「リアルな店舗で商品を買う」ということではなく、「ｅコマースで購入する前にリアルに商品を確認したい」ということです。**故にｅコマースを軸とする企業が商品体験の場を保有する時に店舗である必要なく、ショールームで良いことが分かります。また、商品を確認するために訪れる顧客は、目的を持って来店するため、アクセスさえ良ければ人通りの多い道路に面した好立地に出店する必要はありません。

これがリアル店舗を軸とする企業との違いです。ｅコマースを軸とする企業は、場をショールームとして設置することで、顧客にリアルに商品を体験できる機会の提供と、顧客との直接的な接点を持つことができ、かつ顧客がその場でｅコマースを利用して購入することを前提にすることで店舗とｅコマースの売り上げや在庫の連動等行う必要もありません。このようにｅコマースを軸とする企業はｅコマースなりのストレスのない購買体験をデザインすることができます。

ケーススタディ：BONOBOS

「BONOBOS」（以下ボノボス）は、2007年にシリコンバレーで創業したｅコマース専業のアパレルブランドです。ボノボスはｅコマース専業ですが、ｅコマースでの購入を前提とした店舗（ショールーム）「BONOBOS GUIDESHOP」（以下ガイドショップ）を展開しています。

〈online〉

ボノボスの利用者が、リアルな商品体験を希望する時は、サイトからガイドショップを予約し来店することができます。

〈offline〉

サイトから来店予約をすることで、「ボノボスガイド」と呼ばれるスタイリストによる接客や、ドリンクサービスを受けることができ、購買体験の質を高めています。もちろんぶらりとガイドショップを訪れて、商品を体験することも可能です。ガイドショップではｅコマースで販売している商品を試着できますが購入することはできません。

〈online〉

ガイドショップで商品を購入したい場合は、店舗内の端末からｅコマースにアクセスし購入することになります。故に商品をその場で持ち帰ることはできず、ｅコマースで購入した場合と同様に自宅に配送されます。こうすることで店舗では商品在庫を持つ必要はなく、店舗面積が削減できます。また、決済から配送までのオペレーションをｅコマースで一元管理することができます。

このようにｅコマースを軸とした企業がリアル体験の場を持つ場合、リアル店舗を軸とする企業の出店戦略とは異なり、店舗立地、面積、出納管理等にかかる費用が削減されるため、その分他の施策に投資することができるという特徴があります。

タイプ②：自宅に商品を配送することで購買体験を完結

前述の通りｅコマースを軸とする企業にとって購買前のリアルな商品体験というプロセスは、顧客が自社の購買フローから離脱する瞬間となり得るため、いかにリアルな商品体験を提供するかは、ｅコマース企業が生き残る上でも重要な課題です。この課題に対応していくためにはタイプ①のように顧客をリアルな商品体験ができる場所まで連れ出すか、もしくは企業側が顧客のもとへリアルな商品体験を送るという手段でしか解決できません。前者はショールームや店舗、イベント等を主とした実空間の運営が必要となってくるため、かなりの投資を伴います。一方で後者は購買前に商品を顧客に配送し、実際に商品を確認してもらうことになりますが、確実に購入に至るとも限らないため、往復の送料が無駄になる可能性もあります。故にどちらの選択肢をとるかは、送付する商品の特性とコストとのトレードオフとなります。しかしｅコマースを軸とする企業の取り組みとして、実店舗を持たずに商品を配送することでリアルな商品体験を提供することは正当な進化と感じます。その理由は二つあります。一つは、ｅコマースは店舗に来店しなくても商品を購入できる利便性こそが本来の強みであるため、リアル店舗を軸とする企業同様に実空間の運営に乗り出すことは後々店舗運営ノウハウや店舗スタッフの人材育成等対応すべき項目が現れ、事業への負担が増加します。もう一つは、投資に対する回収の考え方です。巨大な初期投資を行い、それを数年かけて回収していく実店舗等の経営は数年後も計画通りの事業を継続していかなければなりません。一方で、配送費が回収できるかできないかというビジネスモデルは店舗と比較して投資は小さく、回収率の可視化も容易なため、事業にフレキシブル性を持たせることができます。ｅコマースを軸とする企業にとってのビジネスは、小さく始めて素早く成長させていく経

Warby Parkerホームページのトップ画面。

営が本来の経営スタイルだとしたら、商品を配送することでリアルな商品体験を提供し、一連の購買フローの中で購買まで完結できるモデルに取り組むことは本質的と感じます。今やこのように商品を送付しリアルな商品体験を提供するeコマース企業はかなりの数にのぼります。ここで代表的な企業を見てみましょう。

ケーススタディ：Warby Parker

「Warby Parker」（以下ワービーパーカー）は、2010年にニューヨークで創業したローコストでファッショナブルなアイウェアを提供するアイウェアブランドです。ワービーパーカーでは、商品を体験できるショールームの他に、商品送付型の体験提供にも取り組んでおり、顧客が試着してみたい

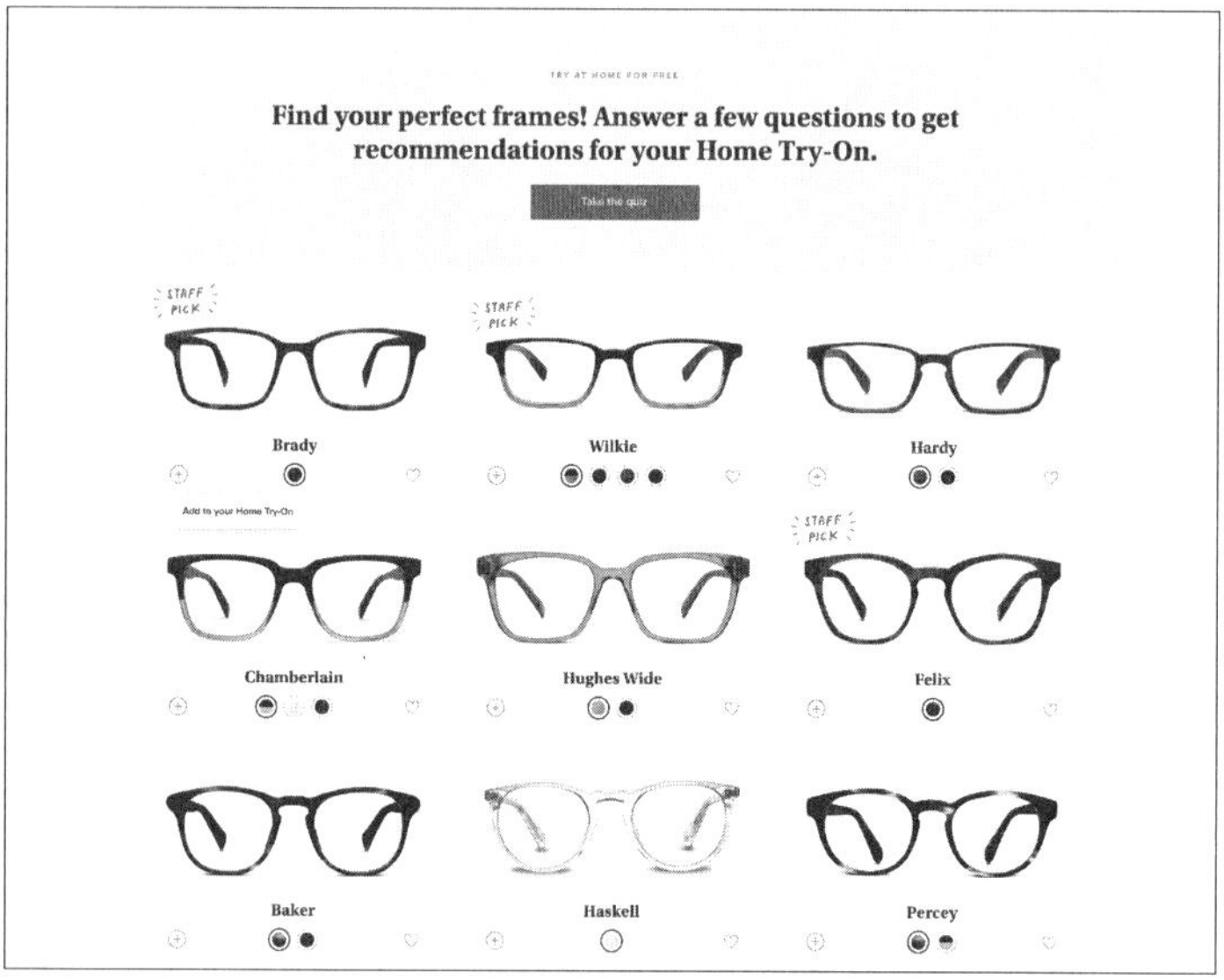

ウェブサイトから簡単にTry-Onするアイウェアを選択できる。

アイウェアを5点まで5日間無料で貸し出しをする「Home Try-On」というサービスを展開しています。

〈online〉

顧客はまず、ワービーパーカーのｅコマースから、試着したいアイウェアを最大5点選ぶことができます。

〈real experience〉

選ばれた5点は自宅に届けられ、5日間使用することができます。

〈online〉

顧客はアイテムを5日間使用し、気に入った商品があればｅコマースから購入できます。使用した商品はすべてワービーパーカーに送り返し、ｅコマースで購入した新品の商品を受け取ることができます。また、どのアイウェアが自分に似合っているか迷った時は、アイウェアを装着した自分の写真に「#warbyhometryon」のハッシュタグをつけてSNSに投稿すると、ワービーパーカーがアドバイスをしてくれます。2018年11月現在、インスタグラムに投稿された画像の数は、2万3000件を超えます。また、サイトではライブチャットで相談に乗ってくれるサービスもあります。

〈offline〉

それでも迷う場合は、リアル店舗を利用することもできます。このようにワービーパーカーは、eコマースを軸にオムニチャネル化し、SNSにより顧客を巻き込んだ共感型マーケティングを実現しています。同社は2015年、アップルを抑えて「Most Innovative Companies 2015」第1位を獲得しています。

Warby ParkerのInstagram。ユーザーがInstagramに「#warbyhometryon」のハッシュタグをつけてアイウェアを装着した自分の姿を投稿するとアドバイスがもらえる。

この分野における他業界の動きも簡単に見ていきたいと思います。家具のカタログ通信販売から始まり、今ではｅコマースを軸に家具の販売を行う日本の家具製造販売の「dinos」（ディノス）は、家具を使いながら購入するかどうかを検討できる「flect」というサービスを開始しました。これは無料で使えるサービスではなく、家具のレンタルサービスを基本とし、気に入らなければ返却、気に入れば購入することができるサービスです。24ヶ月の有料レンタル期間の後に12ヶ月の無料レンタル期間がついており、合計36ヶ月の間に返却か購入かを決定できます。洋服や日用品等と異なり家具は単価が高いため、購買前にリアルに商品体験したいというニーズは高くなり、店舗を持たざるを得ない企業が多いですが、ディノスは前述のようなサービスでリアル体験の提供から購買までの一連の購買フローをデザインしています。

タイプ③：デジタル技術を使ったより効率的な購買体験創出への試み

ここまで、ｅコマースを軸とする企業が顧客に対してリアルな商品体験を提供するために、商品体験の場を持つか、顧客に商品を届けるかの二つの手法を実行していることが確認できました。しかし今ｅコマースを軸とする企業は、デジタル技術だけでより効率的に購買まで完結できる手法を探っています。デジタル購買体験の質が完璧に近づくほど、ｅコマースを軸とする企業が市場シェアを伸ばしていくことは明らかです。

ケーススタディ：ZOZOSUIT

「ZOZOSUIT」（以下ゾゾスーツ）は、モール型ｅコマース「ZOZOTOWN」を運営する株式会社ＺＯＺＯが開発した、顧客の身体寸法を測るためのボディスーツです（２０１８年10月31日に開催された株式会社ZOZOの決算発表において、ゾゾスーツを将来的に廃止すると発表がありました。本書においてはゾゾスーツというツールの有効性ではなく、身体寸法データを収集するというデータビジネスへのシフトという文脈においてゾゾスーツに触れていきます）。顧客はゾゾスーツを着た状態でスマートフォンを利用して全身を撮影することで、寸法をデータ化することができます。ＺＯＺＯはこのボディスーツを無料で配布しています。これによりリアル店舗でのスタッフによるメジャーを使った体の採寸が不要になります。また、ゾゾスーツが手元にあることで、体型の変化による再採寸のために店舗を訪れる必要もありません。ZOZOは、ゾゾスーツにより、２０１８年段階で三つのサービスを開始しました。一つめはオーダーメイドブランド「ZOZO」です。ゾゾスーツで採寸された顧客の詳細な身体寸法データをもとに、その顧客のためだけのサイズ形状を持った商品を製造販売します。二つめは「おまかせ定期便」です。「おまかせ定期便」は、1～3ヶ月毎にZOZOTOWNの専門スタッフが顧客のために50万点以上の商品群から5～10点の商品をコーディネートして届け、顧客はその中から気に入った商品を購入し、残りは7日以内であれば返品することができます。顧客はサービス利用開始時にスタイリングに関する幾つかのアンケートに答えることで、自分の好みを伝えることができます。ゾゾスーツを使用しない顧客にも対応していますが、ゾゾスーツを利用することでより自分の体にフィットした商品を提案してもらうことができます。三つめは「あなたサイズ検索」です。「あなたサイズ検索」は、ZOZOTOWN内で商品を検索する時に自分の体型に合った商品のみを表示することができるサービスです。このようにZOZOは、ゾゾスーツの無料配布という投資から、顧客の身体寸法データを入手し、それにより今後もさらに様々なサービスが展開されることが予測できます。2章でも触れたように、これからあらゆる業界でビッグデータを利用したビジネスが加速します。ビッグデータを利用したビジネスには、データを収集するためのIoT端末と、収集したビッグデータを分析しパーソナライゼーションへと繋げるAIが必要です。ZOZOが始める三つのビジネスは、いずれも前記の文脈に乗っています。データを収集するためのIoT端末としてのゾゾスーツ、パーソナライゼーションを展開する自社ブランド「ZOZO」。顧客の好みを分析し、提案する「おまかせ定期便」。「おまかせ定期便」は、現在はZOZOTOWNの専門スタッフがコーディネートに対応していますが、顧客の嗜好はウェブアンケートでデータ化されており、いずれAIがその分析と顧客へのスタイリングの提案を担うことは予測できます。データビジネスは、他社よりも早く、量と質を伴うデータの収集が必要であり、ZOZOのゾゾスーツへの投資はその布石と言えます(今後ゾゾスーツが廃止された場合、顧客の身体寸法データを収集する為に別のツールが導入されるのかに関しては2018年11月時点では発表されていません)。また、ZOZOは、2018年4月に、株式会社ZOZOテクノロジーズを設立し、ビッグデータと技術力を集約し、テクノロジーによるイノベーションを加速すると宣言しました。人間の身体寸法データをリアルタイムに集計するというテクノロジーは、データビジネス業界に新しい産業を生むことが予測できます。

段階4：リアルとデジタルの統合体験型

オムニチャネルで現在最も先進的で大規模な取り組みを行っているのは、「Amazon」と「Alibaba」等の巨大モール型ｅコマース企業です。AmazonとAlibabaの共通点は、従来はモール型ｅコマースの巨大企業でしたが、今では小売店を買収または提携して自社チャネル化することにより、onlineとofflineを統合した巨大チャネル網を形成している点です。また両社の事業ビジョンは共に、ビッグデータを活用した一大経済圏をつくることで、その経済圏拡大のためにあらゆる事業や実験的な施策を行っています。オムニチャネル化は経済圏拡大のために、顧客にどこよりも便利でストレスのないサービスを提供することにより、自社の経済圏に参加してもらうことを目的としています。2社の動きは極めて似ており、Amazonはビッグデータを収集するためのＩｏＴ端末として、スマートスピーカー「Amazon Echo」を保有し、同様にAlibabaは2017年7月にスマートスピーカー「Tモールジーニー」を発表しています。これにより、顧客はスマートフォンを触ることもなく買い物ができる体験を得ることができ、2社は顧客の実生活内における様々な欲求をリアルタイムに吸い上げビッグデータ化することができます。

ケーススタディ：盒馬鮮生（Hema Xiansheng、以下フーマー）

フーマーは、Alibabaが出資する生鮮食品スーパーで、2016年1月に1号店を上海にオープンしてから2018年11月現在の店舗数は65を超えています。フーマーはAlibabaにとって、offlineチャネルという役割以上に様々な役割を持っています。まず、フーマーの店舗は顧客が来店して食品を買うことができるリアル店舗としての役割があります。また、フーマーのeコマースを通して食品を購入する顧客にとっては、店舗は物流倉庫として機能します。eコマースから注文された商品は、実際に店頭でスタッフが商品をピックアップし、配送スタッフへと渡し、注文した顧客へと配送されます。そのためフーマーの店舗内には、eコマースで受けた注文が表示されたスマートフォンを片手に注文された商品をピックアップして回るピックアップ専門のスタッフがいます。また、フーマーの店舗では生簀で生きた魚介類を販売しており、購入して持ち帰ることはもちろん、eコマースからの購入にも対応しています。さらに購入してそのまま店内の厨房で調理してもらい店内で食べることもできるライブレストラン

魚介類は生け簀に入れられ新鮮な状態で販売されている。

eコマースで注文が入った商品はスタッフがピックアップして配送される。

機能もあります。これらの取り組みは、オムニチャネルにおける一つの運用形態とも言えますが、中国でのeコマースにおける商品品質の透明性を高める取り組みでもあります。中国のeコマースは偽物の販売が横行していますが、フーマーが販売する商品はすべて、実際に店舗で売られている商品をピックしているという事実と、実際に店舗で顧客が食べているものと同じ新鮮な魚介類を届けているという事実を持つことにより、商品の品質に対する信頼性を確保しています。フーマーは屋号に「鮮生」と記載されている通り、新鮮な食品を、新鮮なまま送り届ける物流を実現しており、「半径3キロ圏内、30分でお届け」を売りにした広告を展開しています。フーマーのブランドPR動画も同様に、新鮮な魚介類が自宅に届けられ、生きたオマールエビを調理する豊かな生活シーンが描かれています。このように、フーマーはそのチャネルの形態やサービス自体が、新鮮な食品を新鮮なまま顧客に届けるというブランドのデザインと通じていることで顧客から高い支持を得ています。では、簡単に顧客の購買体験を見てみたいと思います。

〈online〉

フーマーは、生鮮食品を販売するｅコマースを運営しています。中国において生鮮食品をｅコマースから購入することは不安がつきまとうものですが、フーマーであれば実際に店舗で売っているものを配送してくれるので鮮度に対する心配はありません。食品が配送される店舗は自宅から最も近い店舗なので、どの店舗から配送されるのか顧客も認識できます。顧客は必要な生鮮食品を選び、そのままｅコマースで、Alibabaの関連企業であるアント フィナンシャルの電子決済「アリペイ」を使って購入し、到着まで30分待つだけです。購買行動自体は通常のｅコマースの購買行動と同じですが、商品が30分以内に届くという早さ、送られる商品が店舗でその時実際に売られている商品という透明性が他のｅコマースとは異なります。また、顧客の購買行動はビッグデータへと蓄積され、地域毎の売れ筋商品等を把握することで、店舗は地域毎に陳列する商品の種類や量を変更しています。

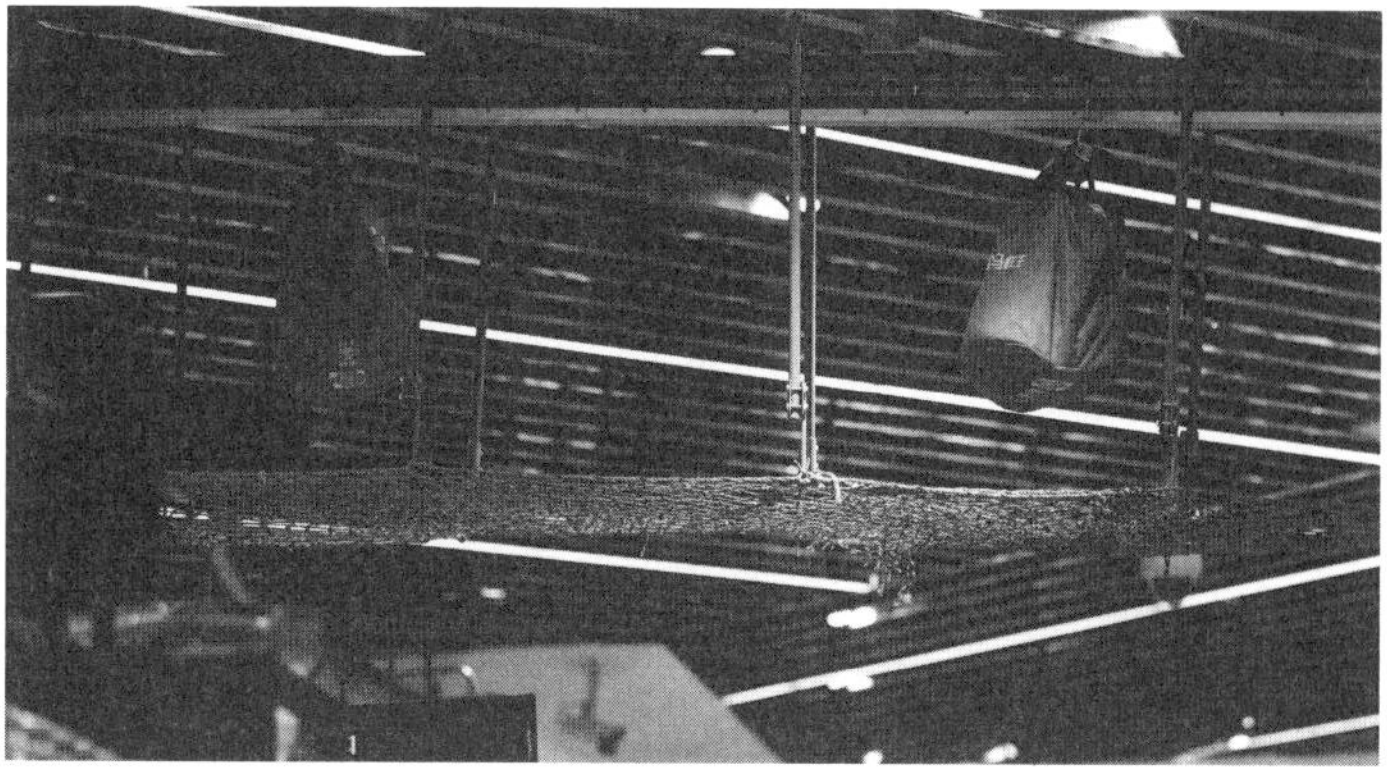

ピックアップされバッグの中に入った商品は天井のレールを渡って配送スタッフの元へ届く。

〈backyard〉

eコマースからの顧客の注文はすぐに店舗のピックアップ専門スタッフのスマートフォンに入ります。スタッフは店内に設置してある配送用のバッグを手に取り、スマートフォンを見ながら注文を受けた商品をピックアップし、バッグの中に入れていきます。すべての商品をピックアップすると店内の天井を流れるレールにバッグを引っ掛けて商品ピックアップ係の役割が終了します。レールに引っ掛けられたバッグはそのままコンベヤーでバックヤードに運搬され、外で待機している電動自転車の配送スタッフへと渡され、配送に向かいます。商品のピックアップ作業や配送はまだ自動化されていませんが、中国では一連の自動化サービスの中で自動化できない箇所を人力で乗り切ることが多く、それによりサービスの実験を即座に開始できるという面もあります。また、完璧ではないサービスでも許容する国民性が、中国がＩＴ先進国として様々な実証実験を先行できる背景でもあります。

〈offline〉

フーマーの店舗は、見た目は通常のスーパーマーケットと変わりはありません。様々な食材や食品が店頭の棚に陳列されており、来店した顧客は買い物カゴを片手に商品をカゴに入れていく、通常の購買行動をとります。商品の前に表示してある価格表示タグは電子表示になっており、ネットと店舗の表示価格の変更がリアルタイムで更新されます。生簀の鮮魚を購入した客は前述の通りその場で調理してもらい食べることもできます。購入客は無人レジへと向かいます。レジは現金の取り扱いはなく、自分で商品バーコードをスキャンして合計価格を表示した後、スマートフォンからアリペイを使った決済を利用します。無人レジには、利用客はまだ多くはありませんが顔認証機能がついています。今後各商品に電子タグが設置されれば、顔認証機能と電子タグによる商品ピックアップの把握から、「Amazon Go」同様に無人レジも不要となり、店内に入って商品を持って出ていくだけの店舗に変わっていくことが予測されます。

〈online〉

フーマーは、店舗をショールーミングとして利用することもできます。店内でスマートフォンを片手に商品を見て回り、その場でスマートフォンアプリ内のカゴに商品を入れ、スマートフォンで決済を済ませれば、手ぶらで帰り、自宅で商品の到着を待つだけです。

このようにAlibabaはフーマーにより、中国の生鮮食品市場におけるonlineチャネル（eコマース）の商品に対する信頼性を高め、顧客のリアル購買に対応するofflineチャネルを持ち、そしてonline、offlineの購買行動を把握することで生まれるビッグデータを手に入れることに成功しています。

4章

ブランドをアップデートする10の視点

マクロの視点を持ちブランドをリデザインする

ここまで事例を見てきたように、企業を取り巻く環境は大きく変化しています。デジタルテクノロジーの進化に伴い、ブランドやサービスは次々と新しく生まれており、その中には一時的に生まれては消えていくサービスもあるかもしれません。しかし、今起きている大きな変化はトレンドではなくシフトです。時代がシフトするという大きな流れの中には、早過ぎたり、やり過ぎたり、あえて逆の動きをすることで一時的に注目を集め、程なく消えていくブランドやサービスもあります。そういった個別の点だけに注目すると、今起きている動きがトレンドのように見えてしまう場合もあります。**トレンドは俯瞰してみると、大きなシフトの中で発生する一時的かつ部分的な乱れのようなものです。故に、このシフトという大きな流れを把握して、流れが向かう方向に沿って企業は戦略を調整していく必要があります。**

雑誌『WIRED』を創刊し、1999年まで編集長を務めたケヴィン・ケリーは、2016年に発行した著書『〈インターネット〉の次に来るもの～未来を決める12の法則～』で、自身が提唱した12のキーワードを、「不可避」であると表現しました。「不可避」とは、例えば雨が降ると雨水は山から谷へと流れていくことは「不可避」ですが、流れる水がどういった経路をたどるかは「不可避」ではありません。インターネットが生まれ、それらが普及していくことは「不可避」ですが、ツイッターが出現するかどうかは「不可避」

ではありません。つまり、一度起きてしまうと必ず流れていく方向があり、それらの動きは誰にも止めることはできませんが、その中で起きる個別の事象は必ずしも起きるとは限らないということです。自動車が生まれると再び交通手段が馬に戻ることはないように、電気が生まれると灯りをとるための手段が再び火に戻ることはないように、一度始まると元には戻らない、流れる方向があります。今産業界で起きている動きも同様です。ＩｏＴ、ＡＩ、ビッグデータによる産業のシフトは不可避ですが、その中で起きる個別のサービスの形態がすべて不可避なものとして生まれるかというと、そうではありません。ですから、個別の手法やサービスにフォーカスするのではなく、個別のサービスや手法の動きを俯瞰して捉えた時に、何が起きているのかを把握することが重要です。2章、3章で事例を中心に取り上げてきたのは、個別の動きを確認することで全体像を把握するミクロからマクロの視点を持ち、今起きているサービスやブランドの変化を認識することができるからです。これからの時代に合わせたサービスやブランドをデザインしていく上で必要なことは、新たなマーケティング手法やメソッドではなく、向かうべき方向へとブランドを調整するための視点です。

ここからは、今起きているオートメーション時代へのシフトに伴い、ブランドやサービスをリデザインする際に持つべき視点を10個にまとめました。10の視点は、ゼロからサービスやブランドをデザインする際や、既存のブランドを新しい時代の流れに乗せるために「調整」を行う際に必要になる視点です。

これら10の視点は、それぞれが独立して作用するものではなく、相互に関係を持ち相互に作用しています。これらの視点がすべてとは言い切れませんが、現段階でこの10の視点はブランドやサービスをリデザインするプロセスにおいて、少なくとも持つべき視点であると思っています。

視点1：目的は「購買から推奨」へ

企業が顧客にモノやサービスを売る行為は、売って「終わり」から、売った後も継続する関係の「始まり」へと変わってきています。これまでも購入してくれた顧客の再購入を目的に、顧客に対してアフターサービスを提供する企業は沢山ありました。しかしこれからは、**顧客の再購入を目的とした関係から、他者への推奨を目的とした関係へと変わっていきます。つまり、商品やサービスには、顧客との関係のデザインという視点が大切な時代へと変わっています。**

モノをつくって売っている企業であれば、つくったモノを顧客が購入することで対価を得て、アフターサービスを提供することもなく販売した時点で関係が完結すれば効率良く利益を上げることができます。さらに顧客に対して特段アプローチをしなくてもまた顧客が商品を指名買いしてくれる購買行動を繰り返してくれることが究極の理想かもしれません。しかし、現代に存続している企業はそのような形態をとることはできません。企業のマーケティングで重要なことは、購入した顧客と継続的な接点を持ち、他の顧客への「推奨」に動いてもらうことだからです。企業のマーケティング（ここでは商品やサービスを販売するための戦略とする）は、顧客にモノやサービスを売ることにフォーカスするフローから、顧客がモノやサービスを他者に推奨することにフォーカスするフローへと変わってきています。これは先進テクノロジーの進化に伴い今起きている急速なシフトというよりは、インターネットの普及により顧客の購買行動が変化し、ブランドやサービスを選定するプロセスに、他人の推奨を参考にするという行為が加わったためです。フィリップ・コトラーが2017年に発行した著書『コトラーのマーケティング4.0～スマートフォン時代の究極法則～』では、スマートフォン時代の新しいカスタマージャーニーを定義しています。コトラーはスマートフォン以前の時代のカスタマージャーニーを、「接続性以前の時代のカスタマージャーニー」と呼び、そのフローを「認知」「態度」「行動」「再行動」としています。「認知」顧客はブランドのことを知り、「態度」ブランドを好き・または嫌いになり、「行動」買うかどうかを決め、「再行動」リピートする価値があるかないかを判断する、という流れが、一連のカスタマージャーニーであると定義しています。そして、マーケティング4.0で提唱された「接続性時代のカスタマージャーニー」では、そのフローを「認知」「訴求」「調査」「行動」「推奨」としています。「認知」顧客は沢山のブランドのことを知っていて、「訴求」少数のブランドにのみ引きつけられ、「調査」魅力を感じたブランドについて積極的に調べ、「行動」購入・使用し・サービスを受け・交流し、「推奨」ブランドに対して強いロイヤル

目的は「購買から推奨」へ。

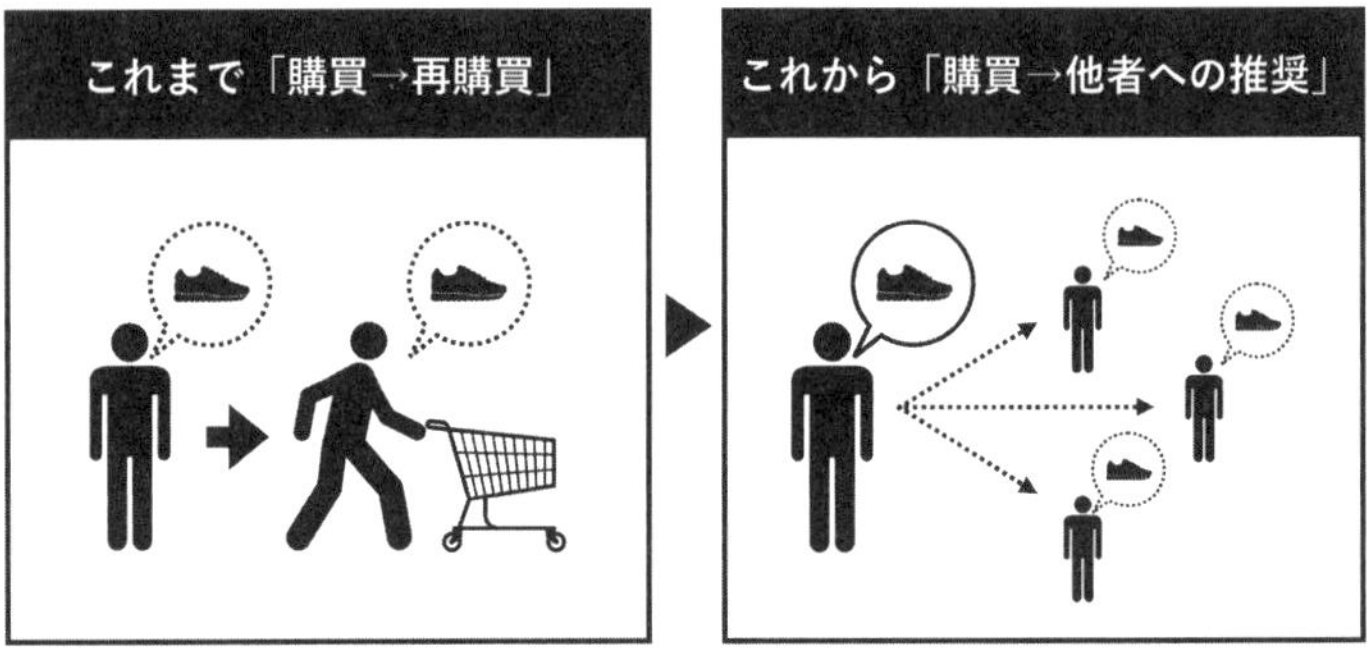
これまで「購買→再購買」
これから「購買→他者への推奨」

ティを持つことでリピート・他者にブランドを勧める、というカスタマージャーニーへとアップデートしています。この一連のフローの最も大きな変化は、フローが社会性を持ったということです。以前のフローであれば、すべての行動はブランドと顧客の一対一の関係で完結していました。しかし新しいフローは、調査段階で顧客は口コミ等のコミュニティの影響を受け、行動段階ではブランドや他のユーザーと繋がり・会話をし、推奨段階では意思を持ち、他人へと推奨していきます。それらの推奨が形成するコミュニティ等が、別の顧客の購買行動における「調査」段階に影響してきます。

つまり、顧客の購買率を上げるためには、調査段階でのブランドの評価を上げなければならず、そのためには行動段階の質を上げ、推奨へと変わる率を上げなければなりません。故にブランドは、「購買」を目的とした宣伝中心のマーケティングから、「推奨」への行動変換を目的とした、行動の質を上げるマーケティングへとシフトする必要があります。企業が商品やサービスを売るためには、顧客との良い関係性をつくる行動が重要であり、継続的に「顧客と会話し続ける」ことが必要になっていると言えます。

視点2：信用は「認知から評価」へ

商品やサービスに対する信用が高いほど、顧客がその商品やサービスを安心して購入することができるという構図は昔も今も変わらない普遍的な事柄です。**変わったのは、信用を担保する基盤が、メディアによる「認知率」から顧客コミュニティによる「評価」へと移ったことです。**

大半の顧客が日常的にインターネットに接続できる環境が整う2000年代前半までは、企業の広告戦略は、マスメディアを中心に展開されていました。この頃の広告業界では、マスメデイアを「above the line」、それ以外のメディアを「below the line」と定義し、「line の上はマスで line の下はそれ以外というメディア構造にヒエラルキーを持たせたマーケティングサービスを展開していました。日本でマーケティングサービスを提供する主要プレーヤーである総合広告会社はマスメディアを販売することで得られるマージンに依存する収益構造になっているため、マス広告を神格化し続ける必要がありました。この頃までの顧客意識も、テレビで広告を流している企業は企業規模も大きく信用できる企業というものので、科学的根拠には欠けますがそれでマーケティングは成立していました。情報が少なくて顧客が他の選択肢を知らないということと、有名な企業が信用できない訳がないという顧客の思い込みがあり、企業はテレビ広告を打ち、認知率を上げることから「信用」を形成してきました。しかし、インターネットの普及により企業のマーケティングはマス広告かそれ以外かという構造から、360度顧客を包囲し、様々なレイヤーで顧客へ情報を届けるタッチポイントの構造（360度型）へと変化しました。このタッチポイントにはマスメディアも含まれますが、ブランドサイトやSNS、企業活動等も含まれ情報の発信元はメディア側から事業会社側になったと言えます。これによりこれまでマス広告を打てなかった中小企業も、顧客に到達するメディアを持つことができるようになりました。しかしここまでのマーケティング活動の目的は、ブランド名を知ってもらいたい、技術やサービスの詳細を知ってもらいたい等の「認知」の獲得でした。企業は、自分たちを良く見せるために飾り、あらゆるタッチポイントで主張するという構造です。しかし、高い認知率が高い信用スコアへ繋がる、つまり高い認知率が高い購買率に繋がる時代は、インターネットのさらなる普及に伴い次第に崩れていきました。コトラーの「接続性の時代のカスタマージャーニー」にもあるように、顧客は企業の信用の実態を調査するようになり、その調査の対象で最も重要な項目は、顧客で構成されたコミュニティが企業の信用をどう評価しているかになりました。そのコミュニティは、家族や友達といった身近な人たちかもしれませんし、商品や

信用は「認知から評価」へ。

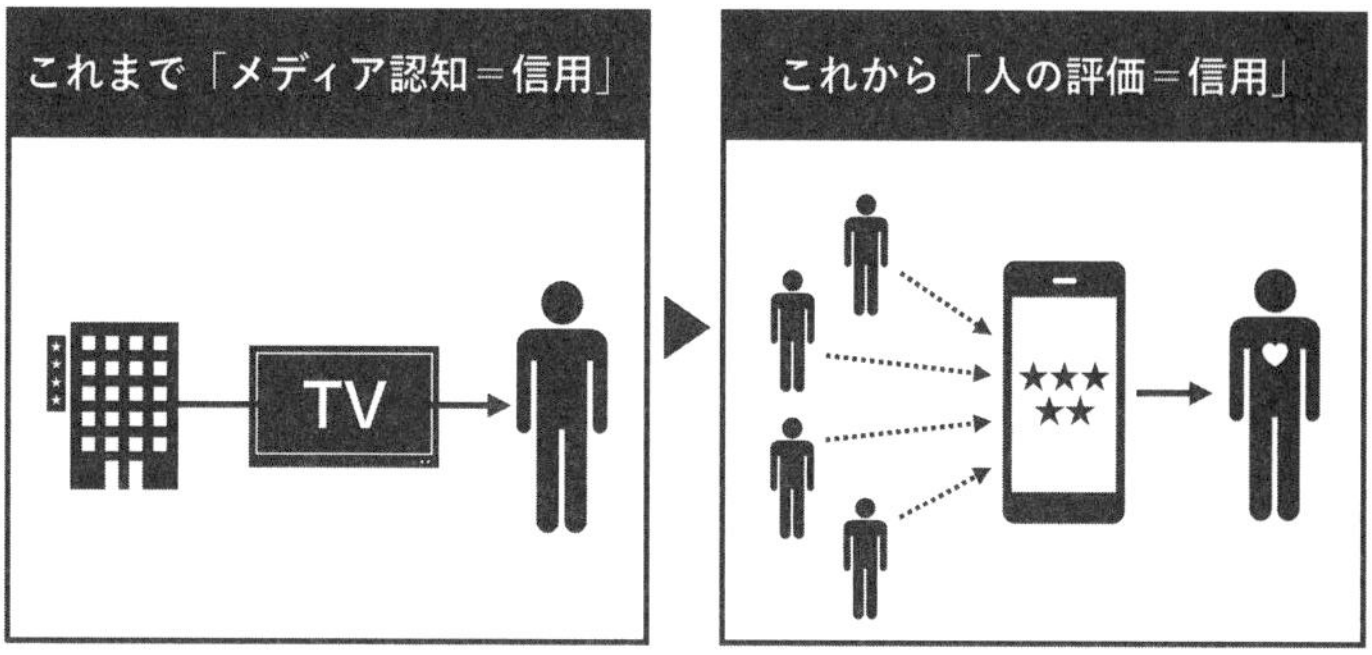
これまで「メディア認知＝信用」
TV
これから「人の評価＝信用」

サービスの既存ユーザーの口コミや評価かもしれませんし、商品やサービスのユーザーではなくともそれらのファンやアンチによる評価かもしれません。つまり、**かつてはメディア露出により獲得した認知により担保されていた信用は、コミュニティによりどのように評価されているかという顧客側の共通認識による信用へと変わっていきました。**これらのコミュニティに対し企業側がアクセスし、コントロールすることはできません。メディアを通して企業主語で着飾ったブランドも、コミュニティの中では等身大の振る舞いを求められます。企業主語のイメージと等身大の姿にギャップがあると、顧客は落胆し、それがマイナス方向の推奨を生み、信用を落としてしまう結果になります。故に企業は、あらかじめコミュニティで実体を評価されることを前提に、等身大の姿で振る舞い、コミュニティでの評価を受け止めながら常に改善を行うという会話のような企業行動でコミュニティからの信用を得なければなりません。マスプロダクション、マスマーケティングの時代からすると効率が悪く見えますが、顧客が企業の信用を調査する時代は「不可避」です。故に企業はたとえ地道な作業でも、社会善として振る舞い、等身大の姿で顧客一人ひとりと向き合い、会話し、一人ひとりから信用を獲得していくしかありません。しかしそうした信用はフローとして流れていくものではなく、ストックされていきます。企業がそれら信用のストックをブランドの資産と認識し、振る舞い続けることで、ブランドを取り巻くコミュニティが新たな顧客を連れて来てくれます。

視点3：消費行動は「所有から利用」へ

顧客がモノにお金を払うことに対する意識が、所有から利用へと変わってきています。この背景には**「モノからコトへ」**と言われる、コト消費と言われる意識の変化と、もう一つはシェアリング・エコノミーに代表される、スマートフォンの普及により現れた消費行動の変化があります。

一般的に「モノからコト」が語られる場合は、カメラや車を購入するというようなモノを購入する消費から、旅行や習い事といったコトを購入する消費へと顧客の消費対象が変わってきているという文脈で使われます。もちろん、モノが溢れている現代において必要なモノは顧客の手元に既にあり、それ以外に消費対象が移動しているというのは、当然の流れです。しかし、所有から利用へと消費行動が変化する背景にあるモノからコトの本質には、もう少し別の意味があると思っています。それは、**モノはそもそもコトが形になったものであり、故にモノが提供するコトこそ、そのモノが持つ価値の本質であるということです。**例えば車は、それを利用せずに展示しているだけではモノです。しかし大半の人は車を購入することで、車によって得られるコトを購入しています。家族でキャンプに行くというコトを購入したい人は、そのコトを実現できるミニバンやSUVを購入するかもしれません。夏の気持ちいい風を感じながら爽快な気分になりたい人はオープンカーを買うかもしれません。それらは、ミニバンというモノ、オープンカーというモノを買っているのではなく、それらによって得られる体験（コト）を買っています。カメラも同様です。カメラを購入したいのではなく、カメラを持って様々な場所へ出かけるライフスタイルや、カメラで素敵な写真を撮ってSNSにアップするライフスタイルを送りたいというコトの実現のためにカメラというモノを購入しています。これらは、そのモノが本来、顧客に何を提供しているかという価値の本質を見つめ直すことでもあります。**メーカーは、商品をつくっているのではなく、その商品によって消費者が得られるコトをつくっている企業と言えます。**一方で顧客側がそのような視点でモノを見ると、モノから得られるコトを購入するには、モノを買う必要はなく、モノをコトの実現の時間だけ借りることで、コトの実現は達成できます。車はレンタルでも家族との楽しいキャンプの時間は実現できますし、カメラはレンタルでも素敵な写真は撮ることができます。もちろん、お金が余っていれば所有することもあり得ますが、借りる方が消費の形態としてスマートですし、既にあるモノを皆で使った方が環境にもやさしいという価値観が、特に若い世代を中心に主流になっているのも事実です。つまり、所有欲を満たすことを除けば、「所有から利用へ」は、合理的な判断であり、むしろ新しい顧客（ミレニアル世代）の価値観に沿った消費形態と言えます。

もう一つの背景として、スマートフォンの普及により、サービスへのアクセシビリティが向上したという理由があります。スマートフォンの普及前は、まだまだ「利用」に対する障害は多い状態でした。レンタカーはわざわざ近くのお店まで行き、申し込み用紙に記載し、説明を受け、ようやく利用することができます。カメラは借りたくてもそもそも誰が貸してくれるのかさえ分かりません。しかしシェアリング・エコノミーの台頭により、顧客はスマートフォンにアプリをインストールしてSNSからログインするだけで、サービスプラットフォームを介してモノを見つけ、予約し、受け取るまでを簡単に済ませることができます。つまり、モノが提供するコトを手に入れるまでにあった沢山の手間をなくすことで、気軽にコトを購入するという消費行動が広がりました。ひと昔前であれば、モノを借りるということは、モノを購入するお金がない人と周囲から見られていましたが、今は違います。むしろモノを所有することで、所有したモノが提供するコトしか経験できない人生よりは、モノを持たないことで様々

消費行動は「所有から利用」へ。

これまで「所有する喜び」
これから「合理的な喜び」

なコトを経験できる人生の方が豊かであるという、本質的な豊かさに近づいています。豊かさとは、モノを持つことで自分を物理的に彩ることではなく、コトを経験することで自分の人生の時間を彩るということです。この様な価値観に気づいた世代が、その価値観を実現できる様々なサービスに簡単にアクセスできるということが、消費行動を所有から利用へとシフトさせている要因と言えます。

企業（特にメーカー）が、個人間取引のシェアリング・プラットフォームサービスと対抗するには、企業も自社でレンタルやリースサービス、サブスクリプションモデル（利用期間に対して対価を支払う方式）を始めるしかありません。また、モノの開発プロセスにおいて、モノが提供するコトの価値を見つめ直すことで、モノ自体の開発アプローチも変わってくるかもしれません。モノをコトと捉え直し、それらをどう売るか。**もはやマーケティングは従来の範疇を超えて、自社サービス自体をどのようにリデザインするかというミッションを担う段階に来ています。**

視点4：関係性は「支配から接続」へ

組織の体制や、顧客との関係性は、支配する側と支配される側、提供する側とされる側、という縦型の概念から、すべての関係が水平にかつ直接繋がる横型、面型の概念に変わっていきます。その際、ハブをコアとした関係性の構造ではなく、複数の点同士が直接繋がる構造を据えることで、事業やサービスの領域は爆発的に広がります。水平に接続された組織は、接続されたそれぞれの個がそれぞれ高いパフォーマンスを発揮することで、大きな面を形成することができます。それらの面は様々な価値観や多様性を生み、外部から接続しようとする個に対してもオープンな組織になり、共鳴し振幅して拡大していくことができます。

1章で見てきたトヨタ自動車の「e-Palette」ですが、トヨタ自動車はサービスを実現するために様々な企業と協業するとしています。もちろんコアとなる企業は限られるのですが、サービス全体の拡張性は、開かれた接続性により担保されています。トヨタ自動車は、このサービスプラットフォームの中にMSPF（Mobility Service Platform）を構築し、「e-Palette」を利用する様々なサービス事業会社が必要とするＡＰＩ（Application Programming Interface）を公開し、サービスの利用に役立ててもらうとしています。また、自動運転の開発においても自動運転開発キットを開発会社に公開し、サービス事業会社が、様々な自動運転キットを選べる仕組みづくりを行っています。このように、外部とオープンに連携していくことで、自社でまかないきれない技術や知見を、支配するのではなく繋がることで取り込んでいけます。また、支配せずに接続していくことで、仮に仕組みがうまく回らなかったとしても、他に接続し直せば素早く仕組みを修正することができます。

３章で見てきた事例に日本交通株式会社を母体とする、JapanTaxi株式会社が展開する配車アプリ「JapanTaxi」がありました。この配車サービスは当初、東京の日本交通が開発した、「日本交通タクシー配車」というアプリで、日本交通のタクシーを呼ぶために開発したアプリでした。しかし、日本交通単体でこのサービスを展開していくと、利用者の利益は独占できますが、利用者からすると手配できる車両数に限りがあります。このサービスの視点を、利益を自社で独占するという視点から、顧客の使い勝手を最優先するという視点にシフトすると、このアプリを日本交通以外のタクシー会社も接続できるオープンなプラットフォームとすることで、顧客にとっていつでもすぐに移動できるサービスの拡充に繋がり、利用者が増えることになります。「JapanTaxi」は現在では47都道府県、約８６０事業会社、約６万１０００台のタクシーに接続できるサービスとなり、さらに２０１８年9月には、韓国のカカオ

関係性は「支配から接続」へ。

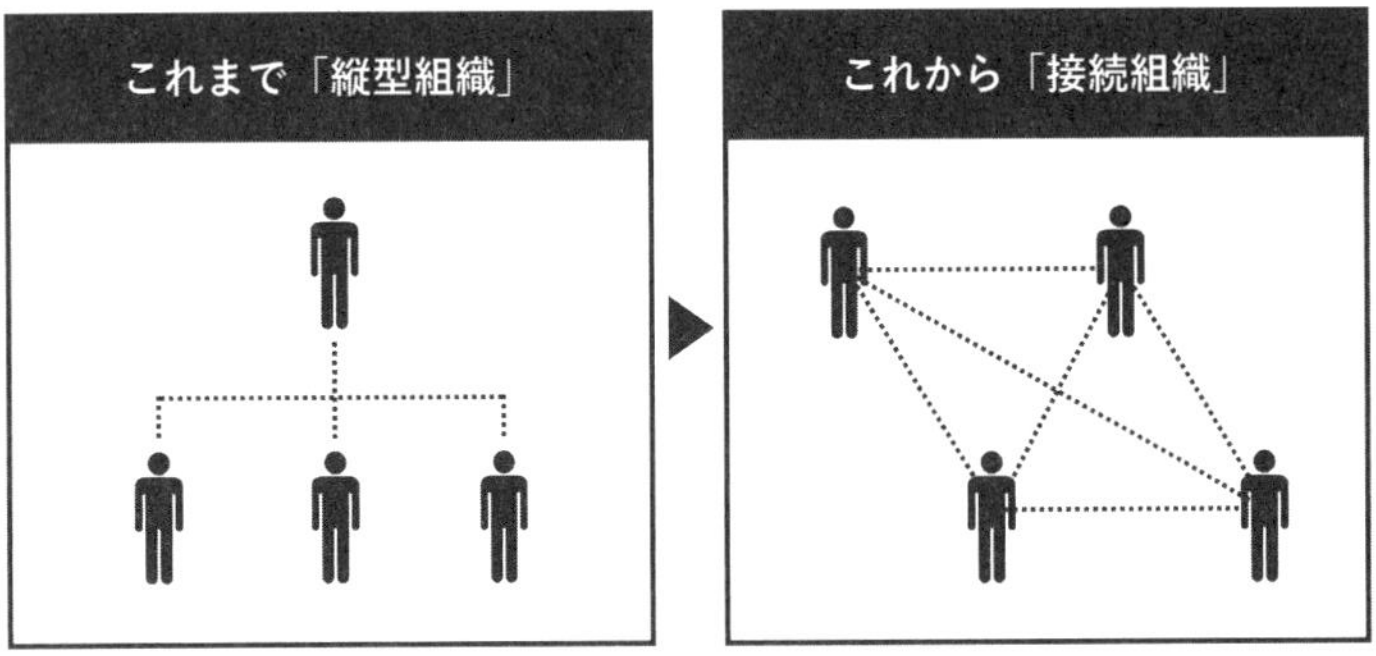

モビリティとも資本業務提携を発表しました。これは、アプリの目的が縦から横になることで、アプリの能力が、「日本交通」単体の能力を超え、接続している事業者全体で提供できる能力に変わっていくことによるブレークスルーです。つまり、縦の組織から横の組織、支配から接続により実現できたサービスと言えます。

しかしもっとマクロの視点から見ると、全国タクシーの接続性の限界は、全国のタクシーの台数という上限が設定されています。上限がある限り、「Uber のように上限がなく、顧客のニーズに応じて事業規模や質を可変できるサービスとまともに競い合うことは難しいかもしれません。「JapanTaxi」が今後さらに上限のない、利用者がより使いやすいサービスへと進化していくためのキーワードは、外部とオープンに連携していく接続性の向上です。この視点で見ると、一般のドライバーが「JapanTaxi」に登録し、サービスを提供できるようになることも考えられるかもしれません。

このように接続性の高い水平な組織は、接続している個の能力や意識自体がオープンで建設的であることが大切です。**縦型組織の意識のままで接続型の組織を蘇生すると、結局機能を司るハブが生まれる形になり、ハブが機能しなければ全体が機能しません。個々の意識と能力で、ハブがなくても機能し発展し続ける状態を形成すること、点同士が個別に繋がり作用することで、接続性のネットワーク自体からさらに新しいサービスが生まれる等、自立型の共同体へと進化することができます。**

視点5：サービスは「マスからパーソナル」へ

顧客との関係性が、商品を売って終わりから、売ってから始まる関係へ、利用してもらう関係へと変化します。顧客との関係性を良好に保つためには、顧客との会話が必要になります。**企業にとって顧客との会話とは、メールをやり取りするということではなく、顧客からのフィードバックをもとに商品やサービスをその顧客の嗜好に合わせてカスタマイズしていくということです。**

オートメーション化していない企業にとって、顧客の嗜好に合わせて自社の商品やサービスをカスタムしていくのは、非常に骨の折れる活動になります。しかし、オートメーション化している企業はこれから、パーソナライズが顧客から選ばれるブランドになるためのキーワードの一つであることを認識しています。パーソナライズのやり方は、3段階あります。

①ソフトをカスタマイズする。

②サービスをパーソナライズする。

③ハードをパーソナライズする。

①は、顧客が自分で自分好みに仕様を変えていく「カスタマイズ」として既に当たり前になっている概念です。例えばiPhoneは、ハード自体のデザインはカラーバリエーションの2〜3種類しかありません。しかし、どのような待ち受け画面にするか、どのようなアプリをインストールするかによって顧客の数ほどカスタマイズされていきます。顧客は、ソフトのカスタマイズによって、自分だけのiPhoneをつくり出し、そこに愛着を感じています。スマートフォンが生まれる前は、携帯電話のデザインが大量にあり、顧客は自分好みのデザインのハードを購入し、それをさらにデコレーションすることで、自分流にカスタマイズしてきました。しかし、ソフトによるカスタマイズが主流になると、ハードのデザインバリエーションは重要ではなくなります。むしろ、ハードは個性的なデザインよりも普遍的なデザインにすることで利用できる年数を長くし、ソフトで可変要素を入れ込んでいくことで顧客のニーズに応えることができます。

②は、IoT、ビッグデータ、AIの時代において、サービスのパーソナライズレベルが、企業やブ

ランドの優位性を決定付ける可能性もあり得る概念です。例えば3章で見てきたZOZOが提供するサービス「おまかせ定期便」（顧客好みにコーディネートされた洋服を1〜3ヶ月毎に配送し、顧客は気に入った商品だけを購入して残りは返品するサービス）は、利用開始時にウェブ上でアンケートに答えるだけで自分好みにパーソナライズされたサービスを受け取ることができます。このようなサービスは、データが蓄積し、AIの進歩に伴い自動化されていくことになります。例えばAmazonは、スマートスピーカーAmazon Echoに、「Echo Look」というカメラが付いたラインナップをアメリカで追加しました。顧客はこのカメラを利用して自分のコーディネートをデータ上に保管し、日々チェックできるようになり、それらのコーディネートに対して第三者のアドバイスを受けられるようになります。これらのサービスもいずれAIによりオートメーション化され、顧客の好みにコーディネートされた洋服を効率良く販売していくサービスへと進化することが予測できます。

③は、データとファブリケーション（データをもとにした創造物の制作）の融合で実現されていく概念です。例えば同じくZOZOはゾゾスーツを利用して、オーダーメイドの洋服事業を開始すると発表しました。これは顧客の身体寸法に、商品のサイズを合わせていくサービスです。従来のオーダーメイドの事業は、顧客一人ひとりの身体寸法の把握と対応がアナログで行われていたため、対応できるキャパシティに上限がありました。それが、デジタルデータで一斉に管理され、ファブリケーションと繋が

サービスは「マスからパーソナル」へ。

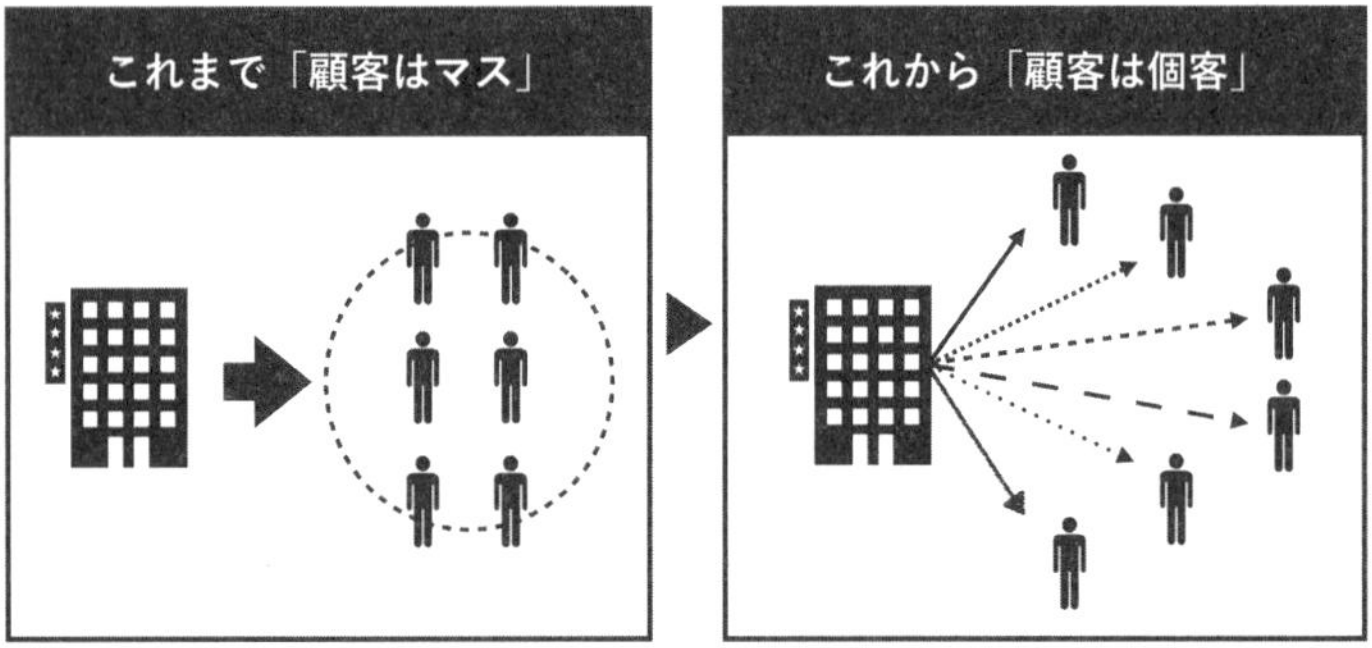

ることで、顧客一人ひとりにジャストフィットした商品を簡単に生産できるようになります。さらにそれらが3Dプリンター等に接続することで、生産の場所の制約からも解放されます。一家に一台3Dプリンターが普及する頃には、自宅のリビングで服ができたり、家具ができたりする時代が来るかもしれません。

このように、自分好みに仕様が特注された商品を購入することが当たり前になる時代に、同じものを大量に生産、販売する商品やサービスはコモディティとして生き残る道を探ることになります。企業は、自社の商品のパーソナライゼーションの可能性について議論し、テストを重ねていく段階にきています。

視点6：購買体験は「O2OからO2E」へ

online to offline、offline to onlineは、顧客が商品をどのようなチャネルで購入するのかという購買段階でのチャネル移動を表した言葉です。しかし、現在の購買体験のフローは、顧客がチャネルを順序よく移動していく購買行動から、よりシームレスにチャネルを行ったり来たりする体験へと変わりました。さらにそのシームレスな購買体験は、すべての体験がonlineで完結することを前提とし、その中にいかにリアルに商品を確認する機会を設けるかという**「online to experience」**の視点が必要になっています。

商品を購入してもらうことを目的に顧客との関係をつくってきた時代は、すべてのチャネルが単独で機能することで成立していました。認知を獲得するためのチャネル、販売するチャネル、アフターサービスを提供するためのチャネル。これらのチャネルは独立してそれぞれ機能し、それぞれのチャネル毎に企業の組織はつくられ、それぞれの組織がそれぞれの評価制度のもとでバラバラに動き、場合によってはそれらが社内で競合することすらあったかもしれません。しかし今はオムニチャネル化が進む中、すべてのチャネルが統合されたサービスを提供しなければなりません。これは、チャネル運営側の効率の理論以上に、顧客が求めるシームレスでストレスのないカスタマージャーニーを提供するためであり、購買の前後も含めて顧客との継続的な関係を維持していくための視点です。ですから、**オムニチャネル**

とは、onlineとofflineを駆使して、認知から購買、行動、推奨に至るまでシームレスな体験を提供しなければなりません。

3章で見てきたように、世界中の先進的な企業は、onlineでの購買体験の中に、リアルな商品体験を組み込んだ購買体験をデザインしています。例えばアパレルであれば、認知段階でインスタグラム等のSNSに付けられたタグからeコマースへ誘引します。しかしeコマースでは商品がリアルに確認できないため、商品をリアルに確認できる販売機能を持たない場を持つか、顧客がリクエストする商品の実物を顧客に送るサービスを展開しています。これら二つはいずれも、チャネルとして必要性がある訳ではなく、eコマースの購買体験だけでは提供できない購買体験の質を担保するためにとっている手段です。また、自動車の販売プロセスを見ると、Alibabaがユニークなonline購買テストをしています。自動車は現段階での購買プロセスにおいて、試乗が欠かせない商品になっています。Alibabaは、その試乗体験のオペレーションをonlineで完結させます。顧客はスマートフォンから試乗したい自動車を選択し、試乗予約を入れます。Alibabaは特定の自動車メーカーの販売を行うディーラーではないので、様々なメーカーを取り扱うことができ、顧客からするとまとめて別々のブランドを試乗できるメリットもあります。予約後、Alibabaの試乗ステーションに向かうと、顔認証で施設内に入り、キーボックスから試乗車両のカギをセルフで取り出し試乗することができます。もちろん試乗して気に入ったらそのまま

購買体験は「O2OからO2E」へ。

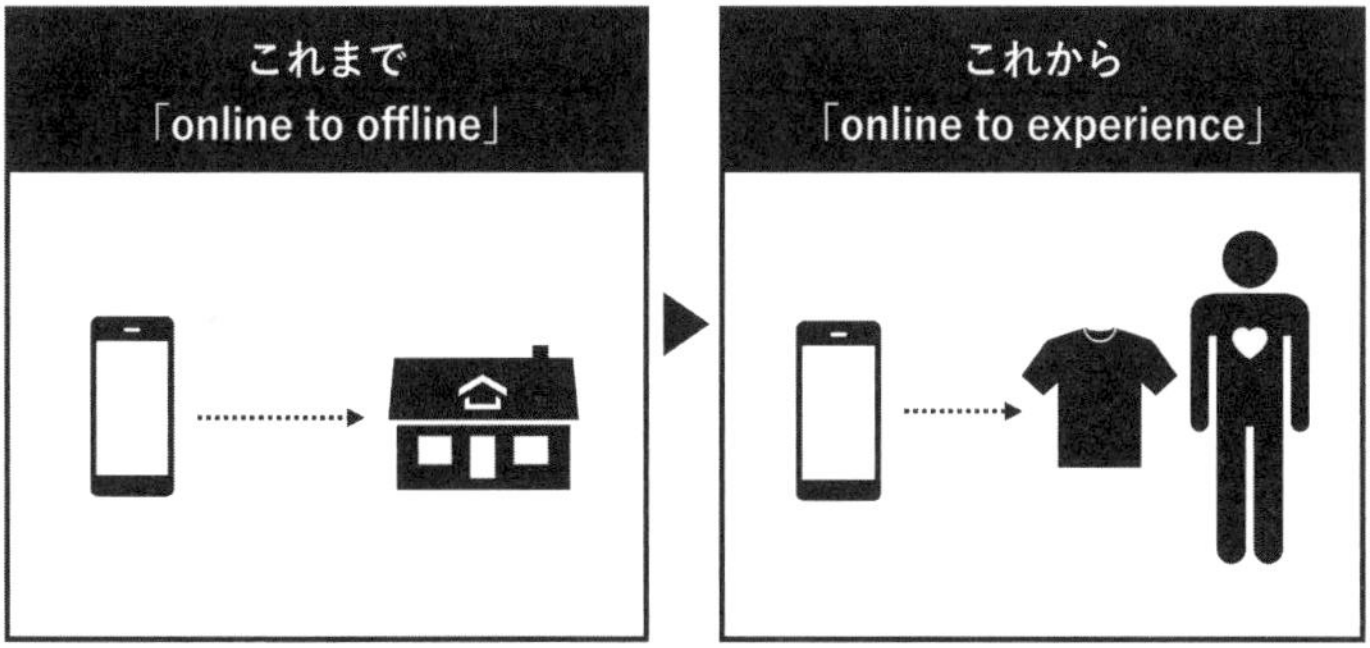
これまで
「online to offline」
これから
「online to experience」

購買へと進むことができます。これはアパレルの購買体験でいう、商品を確認、試着するためだけの機能に特化した場を持つことと同じ役割を持っています。これにより顧客の購買体験はonlineでの購買体験同様に気軽な体験となり、自動車ディーラーでセールスマンのセールスを受ける煩わしさから解放されます。同様に家具会社が提供する、居室内に商品を置いてインテリアコーディネートやサイズをチェックするためのARアプリや、一定期間の家具利用サービス、買取権利の付いた家具リースサービス等も、すべてonlineで購買を完結するために付加された、リアルに商品を確認するためのサービスです。

　商品をリアルに確認するためのテクノロジーが進化して、触覚、匂い、鮮度、企業との会話まですべての体験がonlineで自宅にいながら完結するようになると、もはやofflineでリアルに商品を確認するためのチャネルの役割は必要なくなるかもしれません。

視点7：ビジネスモデルは「発明から編集」へ

新たな発明を生み出し、誰にも真似できない商品やサービスを展開し、自社で利益を独占することは企業にとっては理想的な話です。しかしそんなことはいつでも誰でもできることではありません。一方で**既に世の中にある商品やサービスをベースに、自社の商品やサービスに置き換えた編集を行うことで、自社の独自商品やサービスを生み出すことはできます。**

例えばP2Pのシェアリング・プラットフォームは発明です。しかしP2Pシェアリング・プラットフォーム発明以降に生まれたすべてのサービスは、発明ではなく編集で生まれています。「Airbnb」は、シェアリング・プラットフォームを宿泊という機能を提供する視点で編集した場合に生まれるサービスです。同様に、「Uber」はシェアリング・プラットフォームを移動という機能を提供する視点で編集した場合に生まれるサービスです。編集される視点が人のスキルであれば2章で見てきた「ココナラ」等に繋がりますし、編集される視点がお金であればクラウド・ファンディングに繋がります。さらに、編集のテーマをもっと特化することで、2章で見てきた撮影機材特化型のサービス「ShareGrid」のようなサービスが生まれてきます。これらのサービスはすべて、新たな概念を生み出した訳ではなく、決められたプラットフォームの上に様々な領域やジャンル、テーマを乗せることでほぼ自動的にと言っていいほど簡単に生むことができるサービスです。新たな概念や発明ではなくとも、顧客にとっては価値のあるサービスです。

さらにこの**編集にコンセプトを持たせて、そこに付随するすべてのサービスを、一本のコンテクスト（文脈）で整理することによって、オリジナリティの高いブランドを生むことができます。**例えば3章で見てきたAlibabaが展開するフーマー等はそれにあたります。フーマーは、チャネルの構造だけ見ると最先端のオムニチャネル業態です。フーマーの店内では普通に買い物をする人も、店内でeコマースを利用して買い物をする人も、自宅からeコマースで買い物をする人もいます。すべての在庫や価格はeコマース上と店内でリアルタイムに融合し、店内の価格表は電子表示でリアルタイムに更新されます。しかしフーマーの独自性は、オムニチャネルだけではなく、そのコンセプトとそのコンテクストに従ってチャネルの構造を編集することで付加価値を生んでいる点にあります。フーマーのコンセプトは、「新鮮を届ける」ことです。eコマースで購入する顧客にとって、商品が発送される場所が店舗である必要はありません。しかし、店舗に置いてある商品が自宅に配送されることは、中国における不透明なeコマース上の商品の品質を保証する、つまり生鮮食品の鮮度を保証するということに繋がります。つまり、店舗と配送センターを統合することは、オムニチャネル化による効率の実現だけではな

ビジネスモデルは「発明から編集」へ。

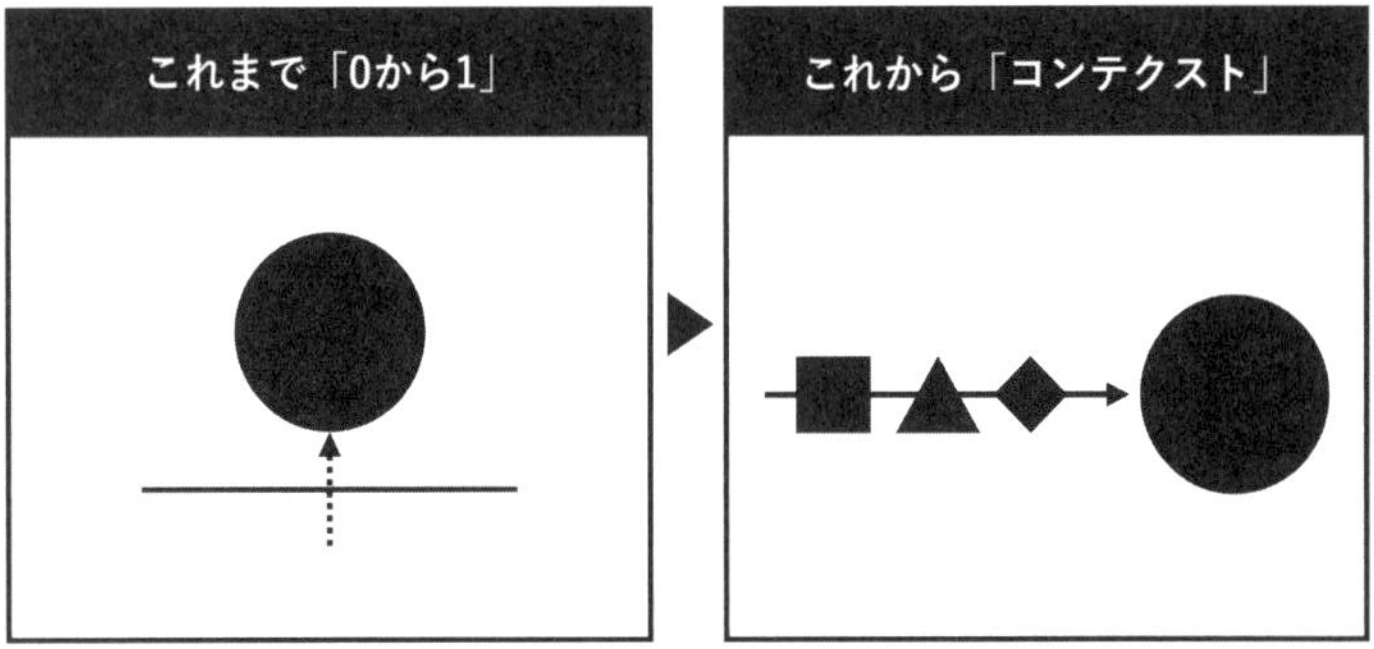

く、「新鮮を届ける」ための文脈に沿って編集されていることが分かります。さらに店内では海鮮食材を生簀で在庫保管し、そこで購入した海鮮をその場で調理してもらい食べることができます。これも、新鮮な商品を売っている店というコンテクストに繋がります。日本でも魚屋さんが営業する居酒屋や寿司屋のメニューに新鮮なイメージがあるのと同じです。また、新鮮な食材を3キロ以内、30分で届けるために、店内でピックした商品を店内のコンベヤーでバックヤードに送り、そのまま配送スタッフが配送に向かえるシステムも「新鮮を届ける」に繋がっています。これらの店内施策はすべて、決して奇抜なアイデアで注目を集めるために行われている訳ではなく、コンセプトをより分かりやすく顧客に伝えるために必要な編集の視点で配置されています。

このように、チャネル形態をコンテクストに沿うようにかたちづくり、コンテクストを補完するために個別のサービスを入れ込むことで、発明ではなく編集で生まれたブランドやサービスでも独自の価値を保有できることが分かります。

視点8：経営課題は「リブランディングからリビルディング」へ

企業は、サービスを通した顧客との会話により、顧客との長期的な関係づくりを達成していかなくてはなりません。ブランド戦略は、これまで主に顧客の頭の中に固有のイメージを醸成することを目的としたイメージ戦略に近い役割を担ってきました。しかし**これからのブランド戦略は事業やサービスの構造をはじめ、顧客のカスタマージャーニーにおけるタッチポイント全体をいかにデザインし、企業の固有性を実現するかという役割に拡張され、事業やサービスをリビルディングする必要があります。**

企業はマーケティングの効果効率を高めるために、ブランド戦略を確立してきました。これまでブランド戦略は、商品やサービスを販売するためのマーケティング戦略の一部に位置してきました。ですからブランドは普遍的なように見えて普遍的ではありません。たとえ自社の事業内容やサービス構造が変わらなくても、時代や顧客意識の変化に伴い、価値を明確化しリブランディングというチューニングを施し、環境変化に対応しながら存続しています。ブランド戦略自体も時代に合わせて様々な手法が現れてきました。その中で、現在使われている代表的なブランド戦略は、ブランドのパーソナリティ（企業らしさや人格）を規定し、その規定に合わせて様々な企業活動を行っていくという考え方です。この考え方は、ブランドアイデンティティを確立し、企業の独自性を明確にし、そのイメージを様々なメディアを通して発信することで顧客の記憶にブランドのイメージを植え付けていくという考え方からもう一歩進み、具体的な行動にまで踏み込んだ考え方です。進化した背景には、インターネットの普及により企業と顧客の直接的な会話が生まれ、企業が人として振る舞わなければならない時代になったという理由があります。

今、企業は、2・3章で取り上げてきた、大きな変化にさらされています。企業らしさを規定して、企業らしく振る舞うことはこれからも変わらず大切ですが、今はその前に、事業自体をブランドの視点で再構築することが必要です。例えばそれは、トヨタ自動車が自動車メーカーからモビリティ・カンパニーへ移行すると宣言したように、今の時代に顧客にとって必要なサービスは何かという視点から自社の事業を捉え直し、事業やサービスをリビルディングしていくという活動をしなければなりません。その際の視点は、所有から利用であり、支配から接続であり、onlineでの購買体験完結であり、新たなコンセプトを起点とするコンテクストを用い、すべてのサービスを組み替え、足りないサービスを足し、接続し、新たな事業構造を形成すべきです。その事業構造とは、例えば自動車事業や食品事業等のカテ

経営課題は「リブランディングからリビルディング」へ。

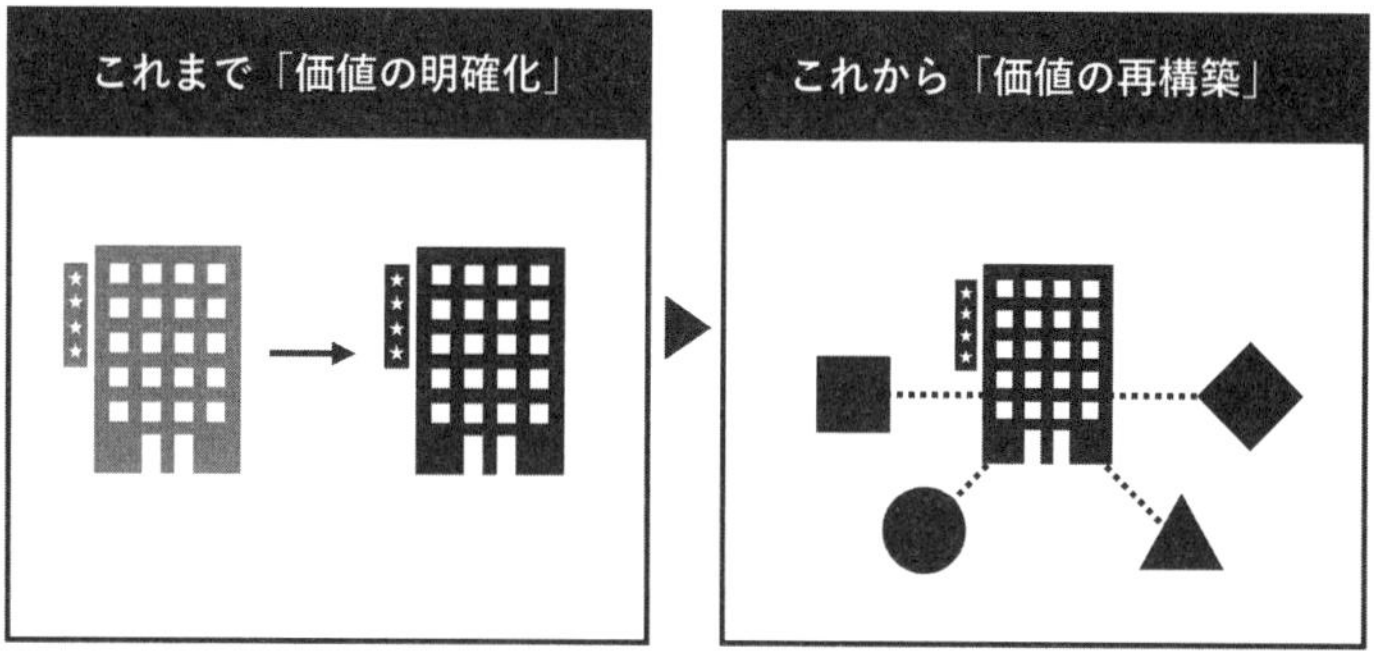
これまで「価値の明確化」
これから「価値の再構築」

ゴリーによる縦割りではなく、モビリティであれば、移動に利用できるあらゆる手段を網羅するサービスとなるように、顧客がシームレスにサービスをストレスなく利用できる構造体とならなければなりません。例えばフーマーは、顧客に新鮮を届けるという価値達成のためにブランドイメージをメディアで伝える次元から、事業構造を価値の達成のためにデザインしていく次元にあります。物流拠点としてのリアル店舗を持ち、新鮮な魚介を提供するイメージをつくるために店内にキッチンとイートインを設け、eコマースでの注文を店内の棚から直接ピックするスタッフを配置し、配送スタッフに素早く届ける仕組みをつくり、3キロ30分で届けるために配送スタッフが店外に常時待機し、新鮮な魚介類が顧客に届けられているように、ブランドの約束を達成するために、事業やサービスをリビルディングしています。

花屋は、花を売る業態から顧客の空間を彩るサービス業に変わることができますし、タオルメーカーであれば繊維からタオルをつくる事業から、清潔でクリーンな生活を提供するサービス業に変わることができます。**自社の事業をサービス業に置き換えた場合、どのようなコンセプトとコンテクストが生まれ、その際にシナジーを生む提携先はどこでどのようにサービス構造をつくるかを考え、実行するタイミングにきています。**

視点9：ビジョンは「現実から理想」へ

産業構造が大きく変わろうとしているこの時期に、これからの自社や保有ブランドにどのようなサービスが提供できるだろうかということを考えるとします。その際、今ある自分たちの最先端の技術や資産をベースに実現可能なベストな戦略でも、おそらくベストにはなりません。今は理想形の先、いつかドローンが荷物を運び、目の前にスクリーンが出現し、目の前にいないはずの人が映し出され、自動運転車両が街を走る時代に、企業やブランドが何を実現していたいかという理想を考え、その実現のために足りてないピースをどのように接続し、実現可能にしていくかを考え、その実現のためには、**何年後には何が必要かを予測して、現在へと結びつけていくように、未来からのバックキャスティングで戦略**

を考える発想が必要です。

今、企業が未来のビジョンを描くことは重要です。既存企業（特にメーカー）は、どれだけ巨大な企業でもデジタル・プラットフォームを形成したデジタル企業にイニシアチブを奪われる可能性がありま す。デジタルテクノロジーは、モノづくりのプロセスにおいてモノに最後に実装されるパーツの時代から、ネットワークにモノが接続し、サービスとなり、顧客と対話していくために最初に検討すべき脳の時代になりました。企業を支える顧客やステークホルダーは、これまで企業が維持してきた生産能力や事業規模よりも、新しい時代にどのような価値を提供できる企業に進化するのかに意識が向いてきています。オートメーション時代に対応しようとしない企業を、顧客やステークホルダーが中長期的なパートナーとして選択することはありません。企業は自社が今実現できる技術やサービスを積み上げて実行戦略をつくることよりも、未だ具体性の乏しいオートメーション社会において、自社は何を理想とするのか、というビジョンをつくることで、顧客やステークホルダーに自社の可能性と将来性を共有する必要があります。

例えばトヨタ自動車が自動車メーカーからモビリティ・カンパニーに変わると宣言したように、先進企業はオートメーション時代を見据えたビジョンを宣言することで、新たなパートナーと接続し、次の時代も持続可能な企業へとアップデートしています。それらのビジョンは現時点で具体性や実現性に乏

ビジョンは「現実から理想」へ。

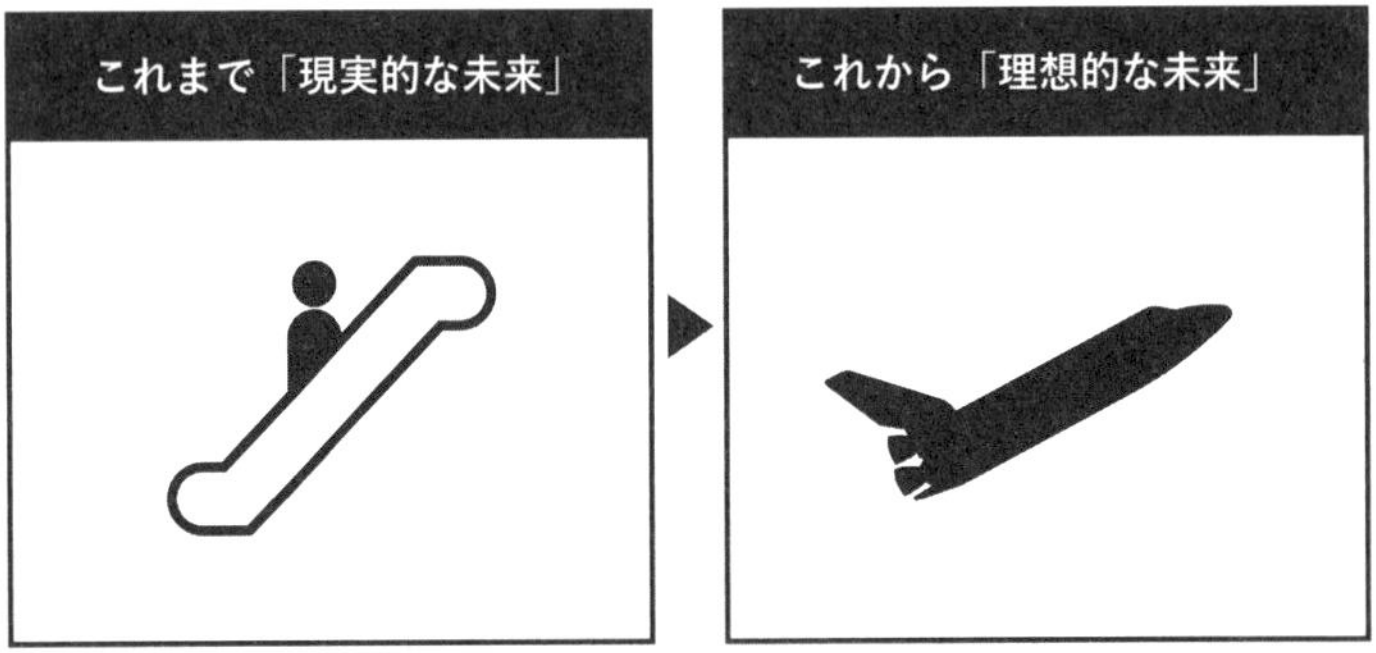

これまで「現実的な未来」
これから「理想的な未来」

しくとも、ビジョンを掲げ、小さくてもアクションを起こしていくことで、新たなパートナーの協力を得られることになります。

例えば、Amazon が展開する無人コンビニ「Amazon Go」は、２０１６年12月にコンセプトムービーと共にプロトタイプ店舗が発表されました。Amazon は、その後２０１７年初頭に1号店の出店を予定していましたが、１号店が開業したのは２０１８年1月です。計画から1年開業が遅れましたが Amazon のブランドイメージが毀損することはありません。それよりも、新しいことにチャレンジする姿勢は、顧客の支持を得ることができます。

まだ輪郭がはっきりしないオートメーション時代に向けた商品やサービスを完璧な状態に仕上げてからリリースする必要はありません。それらがアップデートでき、改善され続けられれば、顧客が失望することはありません。仮に商品やサービスの精度が低くても、その先に見据える企業のビジョンを顧客と共有できていれば、顧客は企業を応援し続けてくれます。**企業変革のプロセスおいては、顧客に利益をコミットできる具体性と即効性のある短期的な戦略やプランも大切ですが、顧客が応援したくなる超長期的なビジョンや理想のデザイン、そしてそこに向けた小さくても着実なアクションが大切なのです。**

視点10：ブランドは「企業から人」へ

これからのブランドは、**「人として振る舞う」**ことが求められます。これまでのブランドは、自分らしさを自ら規定し、それを、メディアを通して顧客に訴え続けることで「ブランドイメージ」を顧客の記憶の中につくってきました。インターネットが普及し、SNSというツールが生まれ、ブランドは顧客と直接的なコミュニケーションツールを得ても、規定したブランドイメージの通りにシステマチックに発信し、行動していました。しかしこれからのブランドは、顧客とリアルタイムに会話し、物理的に交流し、それにより姿を変えていく「人として振る舞う」ことが求められます。

Alibabaが展開するフーマーの事例にあったように、ブランドは、顧客に提供する価値に基づき、事業の構造、チャネルを組み立てる時代です。人として振る舞いコミュニティに属するために、顧客と会

ブランドは「企業から人」へ。

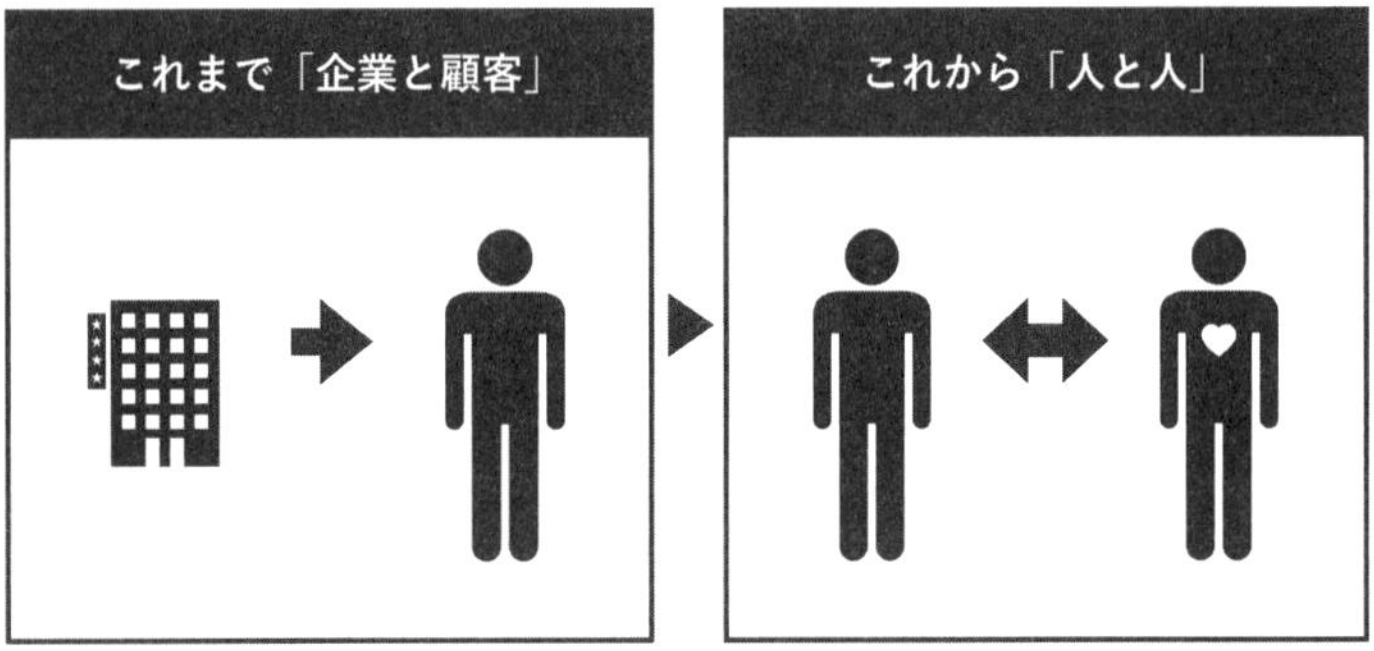

話し交流し、姿かたちを見直し整えていくようなものです。事業構造やチャネル等の姿かたちを決めた後に、顧客にとって価値となりそうな強みを軸にブランドイメージを規定し、発信していくという従来の順序ではありません。顧客と交流するためにどのような価値を提供するブランドとなるかというビジョンがあり、それを実現するために事業構造やチャネル戦略を整え、姿かたちをつくっていきます。つまりこれからのブランドは事業そのものであり、どのようなサービスで顧客と繋がっていくかという、関係を築くための「人」でなければなりません。ブランドが「人」になっていくとすると、これからの時代に企業が必要な視点を一筋のコンテクストに収めることができます。

ブランドは、人です。人なので、自分が何者なのか自分で自分を把握し、整理し、相手に伝えようとします。人なので、相手に自分を良く見せようと考えます。しかし、自分以上の自分はいずれ見破られ、相手の失望を生みます。人なので、相手とリアルタイムに会話ができなければなりません。人なので、相手の意思に反応し振る舞わなければなりません。人なので、コミュニティにも属します。コミュニティでは互いを尊重し、コミュニティに属する人として誠実に振る舞わなければなりません。人なので、周りと良い関係を保つために自分も変わり続けなければなりません。人なので、相手と会話し、相手の特徴を記憶し、相手のパーソナリティを前提とした適切な会話をしなければなりません。人なので、お互いの信頼関係が大切です。信頼できる人として、誠実に振る舞い続けることで、継続的で良好な関係が成立します。人なので、金銭的な関係で支配し、支配される関係ではありません。常に対等で、接続し合う関係です。人なので、学習し、新しい能力を身につけ、相手が関係を継続することに魅力を感じてもらえるように努力をします。人なので、夢を持ちます。その夢をコミュニティに公開し、共感してもらい、応援してもらうことができます。人なので、大きな夢を語り、周りから注目されることもあります。人なので、行動が失敗することもあります。それでも夢に向かって行動する姿勢は、周囲の人たちから応援されます。人なので、応援し続けてくれる人たちの期待に応えようとします。そのために、自分本位に陥らず、周囲と協力し、夢や行動を実現しようとします。**ブランドは人です。自分を高く売るために都合良くイメージをつくる時代は終わりました。今は、自分にとって都合の良いイメージは、す**

ぐに剥がされます。

これからの時代、すべての企業はサービス業へと変わっていきます。モノを売る企業でも、モノがもたらすコトを継続的に利用してもらえるサービス業へと変わっていかなくてはなりません。センサー化したモノは顧客のデータを吸い上げ、それらがビッグデータを形成し、それをＡＩが分析することにより顧客と継続的でパーソナルな関係が始まり、顧客の問いかけにリアルタイムに適切に応えられるように常にアップデートし続け、それら一連の行動がすべて、誠実で信頼できる行動でなければなりません。顧客との信頼関係、絆が強い企業ほど、それらは周囲のコミュニティへと広がり、より沢山の顧客やパートナーへと繋がることができます。人の社会では当たり前の行動です。しかし企業はこれまで自分を大きく見せ、情報戦略で顧客のイメージや評価を上げることに莫大なマーケティング予算を投下してきました。これからは、**人として振る舞い、人としての評判を上げることで、周囲との良い関係を築く時代です。それは、従来のように広告で実現することはできません。誠実な事業で実現することであり、行動でのみ実現できる時代になってきています。**

おわりに

未来自体に価値は無い

未来とは何なのか。人の形をしたＡＩが人のように振る舞い、自動運転車両が走り、ドローンが飛び交う未来都市像――。未来とはインフラやツールの進化のことなのでしょうか。そんな未来には価値がないと僕は思います。未来とはテクノロジーの進化の末に実現するキラキラとした都市ではありません。今よりも人が幸せに暮らせる社会を未来と定義するべきと考えます。僕が自動運転に期待をするのは、それに使われるテクノロジーの進化にワクワクするからではありません。自動運転により交通事故が減り、家に篭りがちな高齢者が近所の友人と一緒に気軽に温泉に出かけられるような社会にワクワクしているのです。テクノロジーの進化の先に人の幸せがあるのではなく、人を幸せにするためにテクノロジーが進化するのです。

では、人の幸せとは何か。人の幸せはテクノロジー同様に進化するのでしょうか。僕はそうは思いません。人の幸せは何百年も前から普遍的なものです。自然を感じ、家族や友人と過ごし、新しい出会いや体験にワクワクし、争いがなく平和に日々暮らしていく。このような何気ない日常が人本来の幸せだと思います。そう考えると僕も含まれる団塊・団塊ジュニア世代は、少しだけ歪んだ幸せ像で育った気がします。過度な競争に晒され、人に勝つことや経済的な豊かさを幸せと思い込み、その実現のために時に家族との時間も犠牲にする。そんな残念な価値観に社会が一時的に押し流された残念な世代と言えるかもしれません。僕がシェアリング・エコノミーをポジティブに捉えているのは、所有欲を満たすためにお金を稼ぐことに時間を費やした時代と比べて、それにより得られる体験の多様性や、新しい出会いのきっかけを提供する仕組みが本質的な人の幸せに寄り添っていると感じるからです。ミレニアル世代は、人の本質的な幸せに寄り添った生活を始めています。だから仕事で人生が埋め尽くされるような生活は送らないし、家族や友人、恋人を大切にしているし、幾ら稼ぐかよりも何をするかを大切にしています。人にとっての幸せな未来とは、人本来の幸せに回帰することにあると思います。

企業の利益追求姿勢は人を顧客と捉え、いかに便利漬けにしてサービスを利用させるか、いかに心を飢えさせて虚栄心を満たすものを買わせるかという文脈の上に成立してきました。しかしこれからは顧客の幸せの価値観が原点へと戻っていくことを考えると、人の幸せに寄り添うサービスのデザインへと企業活動も変わっていくように思います。結局企業ですら、人の幸せに寄り添えなければ持続し続けることは不可能なのです。

最後に、本書の出版にあたり相談に乗って下さった株式会社宣伝会議の谷口優編集長、この本が出版できるまでに磨き上げて下さった浦野有代書籍部長、ビジネス書らしいタイトルの本を手に取りやすいデザインに仕上げてくださった株式会社れもんらいふの千原徹也さん、掲載にご協力くださった各企業ご担当者の皆様、ありがとうございました。

本書を読んで下さった方々の、情報と視点と気持ちの整理に役立てることを願って。

クリエイティブ・ディレクター　室井淳司

著者略歴

室井淳司（むろい・あつし）

クリエイティブ・ディレクター・一級建築士

＜これまで＞

1975年広島県出身。カープファン。建築士だった祖父二人の影響から5歳で建築家を志す。東京理科大学建築学生時代は意匠設計に没頭するもアトリエへの規定進路に反発し2000年博報堂入社。広告会社で空間デザインに特化したキャリアをスタートする。空間の仕事は社内で注目されることなく、約10年の傍流デザイナーを経て2012年博報堂史上初めて広告制作職以外からクリエイティブ・ディレクターに当時現職最年少で就任した。翌年、経営のパートナーになる環境を求めて独立しArchicept cityを設立。独立後は感性力と洞察力と実装力を武器にクリエイティブ・ディレクターとして経営に並走している。著書に「体験デザインブランディング」宣伝会議。主な受賞にレッド・ドット・デザイン賞ベストオブベスト、アドフェストグランプリ、カンヌライオンズ等。

＜これから＞

一人息子が大人になる20年後も日本が平和で豊かな国である為に、魅力的な国、地域、企業を育てることが、僕ができる社会貢献だと思っています。ブランドは「機能」と「情緒」の両輪で回ります。日本は国も地域も企業も、機能は強く情緒は弱いと感じます。もしクリエイティブ・ディレクターが「感性力」を国や地域、企業にインストールできれば、今よりも魅力的なブランドを伴った強い経営基盤が育つと信じています。その為には論理的なデザイン人材の育成と、何より経営者を始めとする決裁者の感性改革が必要だと感じます。僕はそれらをやり続けながら、いずれ日本や故郷広島のブランディングにも携わりたいと考えています。

室井淳司へのお問い合わせ：info@archicept-city.com

宣伝会議 の書籍

養成講座シリーズ

社内外に眠るデータをどう生かすか
データに意味を見出す着眼点

蛭川速 著

データ分析の中でも、統計学などの小難しい知識ではなく、誰でも身に付けられる「着眼点の見つけ方」、「仮説の作り方」、「戦略への落とし込み方」などの一連のスキルを、ストーリーを通して学ぶ1冊です。

■本体1800円+税　ISBN 978-4-88335-408-5

マーケティング英語の教科書
完璧ではなくても、仕事で自信を持てる英語

松浦良高 著

ビジネスにおける英語は、完璧である必要はありません。本書では、ネイティブのようには話せなくても、ビジネスの現場で頻出する「型」を知って、効率的に現場で使える英語を身に付けることを目指します。

■本体1800円+税　ISBN 978-4-88335-409-2

シングル&シンプルマーケティング

本間充 著

大量生産、大量消費を目指すのではなく、対話+データ分析で個人に寄り添う、これからの新しいマーケティングを、宣伝会議の人気講師が提唱。利益を伸ばしたいマーケター必読。

■本体1800円+税　ISBN 978-4-88335-429-0

デジタルマーケティングの実務ガイド

井上大輔 著

「4P」や「STP」を理解しても、明日からの実務が変わるわけではありません。なぜなら、それらは「理論」だからです。本書では、どのようにデジタルマーケティングの業務を設計し進めていけばよいのか、手引きとしてまとめました。

■本体2000円+税　ISBN 978-4-88335-430-6

詳しい内容についてはホームページをご覧ください　www.sendenkaigi.com

宣伝会議　マーケティング選書

デジタルで変わる
マーケティング基礎
宣伝会議編集部　編

この1冊で現代のマーケティングの基礎と最先端がわかる！　デジタルテクノロジーが浸透した社会において、伝統的なマーケティングの解釈はどのように変わるのか。いまの時代に合わせて再編したマーケティングの新しい教科書。

■本体1800円＋税　ISBN 978-4-88335-373-6

デジタルで変わる
宣伝広告の基礎
宣伝会議編集部　編

この1冊で現代の宣伝広告の基礎と最先端がわかる！　情報があふれ生活者側にその選択権が移ったいま、真の顧客視点発想が求められている。コミュニケーション手法も多様になった現代における宣伝広告の基礎をまとめた書籍です。

■本体1800円＋税　978-4-88335-372-9

デジタルで変わる
広報コミュニケーション基礎
社会情報大学院大学　編

この1冊で現代の広報コミュニケーションの基礎と最先端がわかる！　グローバルに情報が高速で流通するデジタル時代において、企業広報や行政広報、多様なコミュニケーション活動に関わる広報パーソンのための入門書です。

■本体1800円＋税　978-4-88335-375-0

デジタルで変わる
セールスプロモーション基礎
販促会議編集部　編

この1冊で現代のセールスプロモーションの基礎と最先端がわかる！　生活者の購買導線が可視化され、データ化される時代における販促のあり方をまとめ、売りの現場に必要な知識と情報を体系化した新しい時代のセールスプロモーションの教科書です！

■本体2000円＋税　978-4-88335-374-3

詳しい内容についてはホームページをご覧ください　www.sendenkaigi.com

すべての企業はサービス業になる

今起きている変化に適応しブランドをアップデートする10の視点

2018年12月25日　初版

著者　　　室井淳司
発行者　　東　彦弥
発行所　　株式会社宣伝会議
　　　　　〒107-8550　東京都港区南青山3-11-13
　　　　　Tel 03-3475-3010（代表）
　　　　　https://www.sendenkaigi.com/
装丁　　　千原徹也
印刷・製本　図書印刷株式会社

ISBN 978-4-88335-455-9　　C2063
© Atsushi Muroi　2018
Printed in Japan 無断転載禁止。乱丁・落丁本はお取り替えいたします。